Le grand livre des énigmes

Arsène Lupin

HÉLÈNE AMALRIC
FRÉDÉRIC RÉBÉNA

LE GRAND LIVRE DES ÉNIGMES ARSÈNE LUPIN

MARABOUT

SOMMAIRE

ROULETTE

PORTRAITS

LES MULTIPLES VISAGES D'ARSÈNE LUPIN

Le plus célèbre des gentlemen cambrioleurs a eu de multiples visages et personnalités. Voici certains de ceux que vous verrez apparaître dans ces énigmes :

Raoul d'Andrésy
Jim Barnett
Colonel Sparmiento
Prince Rénine
Prince Paul Sernine
Raoul d'Avenac
Jean d'Enneris
Horace Velmont
Don Luis Perenna
Jean d'Aspry
Chevalier Floriani
Raoul de Limézy
Victor
Rostat

Les femmes et les adversaires d'Arsène Lupin sont également nombreux, et pour certains, tour à tour amours, amis et ennemis...

Hortense Daniel, Raymonde de Saint-Véran, Henriette d'Andrésy, Clarisse d'Étigues, Dolorès Kesselbach, sa nourrice Victoire et, bien entendu, Joséphine Balsamo, la redoutable comtesse de Cagliostro ! L'inspecteur Ganimard, Isidore Beautrelet, l'inspecteur Marescal, l'inspecteur Gorgeret et... le célèbre Herlock Sholmès !

LE BALLET DES STYLETS

Le multimillionnaire Rudolf Kesselbach, baptisé le « roi du diamant », son domestique Chapman et son secrétaire Edwards ont été retrouvés assassinés dans l'appartement 415 du Palace-Hôtel.

Ils ont tous les trois été poignardés, d'une même petite blessure, nette, franche, impitoyable.

M. Lenormand, le chef de la Sûreté, débarque au Palace-Hôtel pour enquêter.

— Chef, on a trouvé ça sur une chaise, annonce le brigadier Gourel, tout essoufflé.

À l'intérieur d'une enveloppe de tissu noir, il y a une serviette toute tachée de sang et trois stylets d'acier au manche incrusté d'or.

M. Lenormand désigne la table sur laquelle sont posés trois verres d'eau.

— Brigadier, posez donc ces trois stylets sur cette table, de façon à ce qu'ils soient suspendus dans les airs.

Le brigadier, une sorte de colosse à la large figure réjouie et aux yeux vifs, se dandine d'une jambe sur l'autre et tortille entre ses mains le rebord de son chapeau, perplexe.

Comment résoudre le problème ?

Solution p. 310

AU SOMMET DE LA FALAISE

Pour retrouver le député Daubrecq, Arsène Lupin a donné rendez-vous à son acolyte Le Ballu non loin de l'ancienne forteresse de Mortepierre.

Sur les confins de la forêt, une vallée très profonde forme une boucle que domine l'énorme falaise. Celle-ci est abrupte, haute de soixante ou soixante-dix mètres, et la rivière l'enserre de toutes parts.

Pourtant, les deux hommes ont réussi à grimper au sommet.

Mais lequel des deux est suspendu dans les airs ?

Solution p. 310

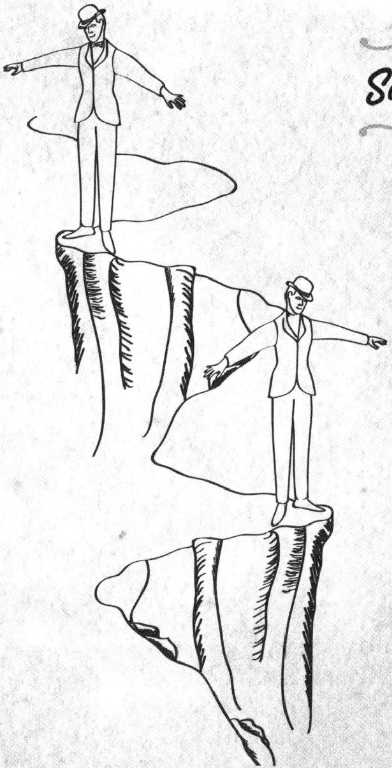

UN SENS INTERDIT

L'automobile de Lupin constitue, outre un cabinet de travail muni de livres, de papier, d'encre et de plumes, une véritable loge d'acteur, avec une boîte complète de maquillage, un coffre rempli de vêtements les plus divers, un autre bourré d'accessoires, parapluie, canne, foulard, lorgnon, etc., bref, tout un attirail lui permettant de se transformer des pieds à la tête.

Le chauffeur de l'automobile, Grognard, arbore le costume de sa fonction, la casquette de cuir jaune et le col de son uniforme relevé. Mais lorsqu'il remonte en sens interdit une rue à sens unique, l'agent de police qui le voit ne l'arrête pas !

Pour quelle raison ?

Solution p. 310

LIGNE DE FUITE

Pour s'enfuir de la villa des Glycines à Garches, deux souterrains s'ouvrent devant Arsène Lupin.

Celui qui s'étend du point A au point C conduit au pavillon Hortense.

Celui qui s'étend du point A au point E conduit au pavillon de Mme Kesselbach.

Bien entendu, il doit choisir celui qui offre le trajet le plus court.

Dans lequel va-t-il s'engager ?

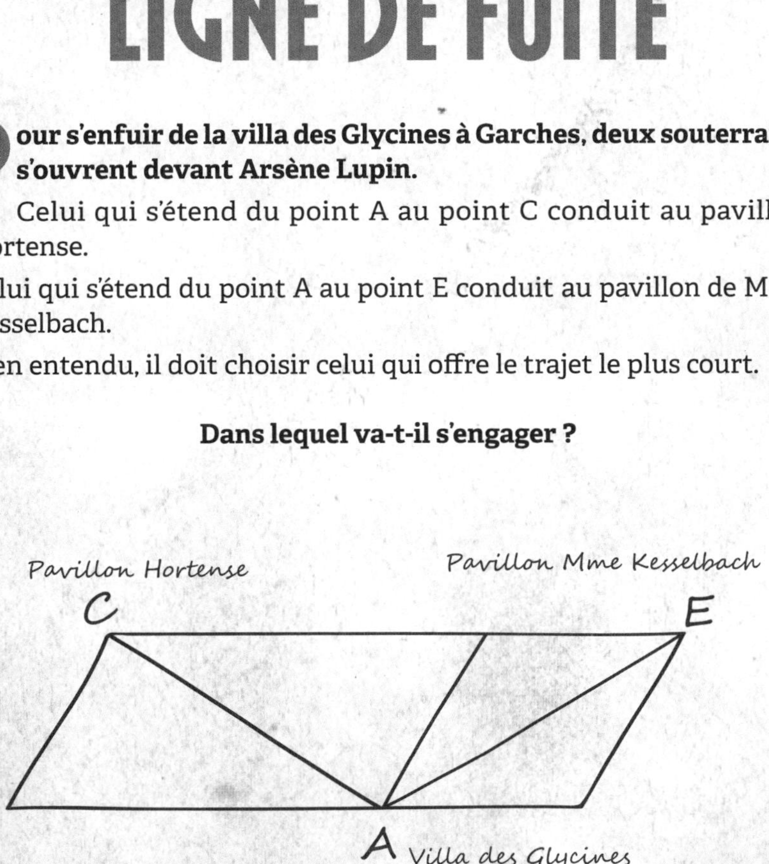

Solution p. 311

UN PLONGEON

Lupin regarde au fond du gouffre la mer immobile et sombre, puis relève la tête :

— *Moriturus te salutat !* Adieu, la vie !

Et, croisant les bras, il saute...

Dans *813*, lorsque Lupin se jette de la falaise pour mettre fin à ses jours, quelle est la première chose qu'il fait en tombant dans la mer ?

Solution p. 311

LES MÉGOTS DE DÉSIRÉ BAUDRU

C'est le jour de l'ouverture du procès du gentleman cambrioleur, auquel se presse le Tout-Paris, avocats et magistrats, chroniqueurs et mondains, artistes et femmes du monde.

Soudain, coup de théâtre !

— Monsieur le président, déclare l'inspecteur Ganimard, j'affirme que l'homme qui est ici à la barre, en face de moi, n'est pas Arsène Lupin.

— Mais alors, qui est-ce ? Comment se trouve-t-il entre les mains de la justice ? demande le président, interloqué.

L'enquête établit que l'individu qui a été substitué à Lupin s'appelle Désiré Baudru. On le fait passer au service anthropométrique : il n'y a pas de fiche correspondant à son signalement. Mais on retrouve facilement ses traces. C'est un clochard connu à Courbevoie, à Asnières et à Levallois. Il vit d'aumônes et couche dans l'une de ces cahutes qui s'entassent près de la barrière des Ternes. Il ramasse des mégots de cigarette dans la rue et arrive à faire une nouvelle cigarette avec quatre mégots. En une matinée, il ramasse 32 mégots.

Combien de cigarettes peut-il fumer dans la journée ?

Solution p. 311

UNE QUESTION D'ADRESSE

« Votre nom, monsieur ? lancent à Arsène Lupin les deux hommes qui le provoquent en combat singulier, le comte Amalti di Amalto et le comte Malonesco.

— Archiduc d'Auteuil-Longchamp ! Vous vous dites offensés... Soit ! Quelle arme choisissez-vous ? L'épée ? Le pistolet ? La hache d'abordage ? Le poignard empoisonné ? Le canon ? L'arbalète modèle 1430 ?

— Le pistolet, monsieur ! »

Chacun des hommes, muni d'une arme, va tirer sur l'autre, à tour de rôle, jusqu'à ce qu'il n'en reste plus qu'un. Arsène Lupin, qui touche sa cible une fois sur trois, tire le premier. Le comte Amalti, qui touche sa cible deux fois sur trois, doit tirer en deuxième, pourvu qu'il soit encore en vie. Le comte Malonesco, qui touche sa cible à tous les coups, doit tirer ensuite, pourvu qu'il soit toujours vivant. Puis, le cycle recommence.

Si vous êtes Arsène Lupin, où devez-vous tirer en premier pour avoir la plus grande chance de survie ?

Solution p. 312

À TOUTE VITESSE

Don Luis Perenna démarre sur les chapeaux de roues en direction du nord, en compagnie du brigadier Mazeroux.

Perenna conduit lui-même son auto découverte, et de telle façon que Mazeroux, un peu suffoqué, articule :

— Bigre ! Ce que vous en mettez, patron ! Vous ne craignez pas la culbute ?...

Ils roulent pendant un kilomètre à cette allure et, sans faire demi-tour, se retrouvent un kilomètre au sud de leur point de départ.

Comment est-ce possible ?

Solution p. 312

COMBIEN DE PASSANTS ?

Raoul de Limézy se tient sur le seuil d'une modeste villa, à l'extrémité du boulevard Bineau, sur les bords de la Seine.

Discret, allègre, ainsi qu'un homme heureux qui n'a qu'à regarder pour jouir de la vie, de ses spectacles charmants, et de la gaieté légère qu'offre Paris en certains jours lumineux d'avril, il compte les gens qui passent devant lui de part et d'autre de sa porte, dans les deux sens.

Sur ce même boulevard déambule l'inspecteur Marescal. Exhibant une barbe soignée et un teint frais et rose, de la certitude dans la marche, de l'importance dans le geste. L'inspecteur monte et descend la rue, en comptant tous les passants qu'il croise, dans toutes les directions.

Au bout d'une heure, les deux hommes comparent le nombre de gens qu'ils ont comptés.

Qui en a compté le plus grand nombre ?

Solution p. 313

UNE MALLE BIEN REMPLIE

Une grande malle d'osier recouverte de moleskine noire est déposée dans la chambre de Clarisse d'Étigues.

Aidé de la jeune femme et de Grognard, Lupin transporte Daubrecq et le place dans cette malle, bien assis, mais la tête courbée pour qu'il soit possible de rabattre le couvercle.

— Je ne dis pas que c'est aussi confortable qu'une couchette de wagon-lit, mon cher député, observe Lupin. Mais cela vaut tout de même mieux qu'un cercueil. Au moins il y a de l'air pour respirer. Trois petits trous sur chaque face. Plains-toi !

Puis, débouchant un flacon :

— Encore un peu de chloroforme ? Tu as l'air d'adorer cela...

Il imbibe de nouveau un masque, tandis que, sur ses ordres, Clarisse et Grognard calent le député avec du linge, des couvertures de voyage et des coussins, qu'on a eu la précaution d'entasser dans la malle.

— Parfait ! dit Lupin. Fermons et bouclons. Grognard, sais-tu où tu vas emporter cette malle ?

— Non, patron.

— C'est indiqué sur le message : ce qui commence par un P, se finit par un E et contient des milliers de lettres.

Grognard va-t-il comprendre où il doit conduire la malle ?

Solution p. 313

LE PASSAGE DE LA FRONTIÈRE

« **Combien de kilomètres d'ici à la frontière ? demande Paul Delroze à Jérôme, le gardien du château d'Ornequin.**

— Exactement sept, monsieur.

— De l'autre côté, on arrive à une petite ville allemande assez rapprochée, n'est-ce pas ?

— Oui, monsieur, Ebrecourt.

— Peut-on prendre un raccourci pour aller à la frontière ?

— Jusqu'à mi-route de la frontière, oui, monsieur, un sentier en haut du parc. »

Paul Delroze entreprend alors de traverser chaque jour à bicyclette la frontière entre l'Allemagne et la France en transportant un sac.

Son manège attire bien évidemment l'attention des douaniers, mais ceux-ci ont beau le fouiller, le surveiller et enquêter, ils ne parviennent pas à comprendre ce qu'il peut bien passer en contrebande.

Vous, pouvez-vous le deviner ?

Solution p. 313

LE FRÈRE DANS LA LIMOUSINE

Trois Russes apprennent la mort de leur frère.

Celui-ci avait acheté une limousine et, dans le village de Saint-Nicolas, on l'a vu passer à toute vitesse, au volant, couvert d'une peau de bique, coiffé de fourrure, le visage masqué de grosses lunettes. Mais l'automobile a fait la culbute à l'orée de la forêt et gît retournée, toute tordue, informe.

Le frère est mort, mais sans laisser de frères.

Comment une telle chose est-elle possible ?

Solution p. 314

UNE DRÔLE DE MOITIÉ

« **Nous cherchons tous deux le trésor fabuleux des anciens monastères, déclare Raoul d'Andrézy à Beaumagnan.**

Pour retrouver ces richesses du Moyen Âge, envoyées aux sept principales abbayes de Caux, il suffit de connaître le nom des sept abbayes pour connaître sept emplacements où des recherches ont des chances d'aboutir, explique-t-il. Or, sept noms sont inscrits à l'intérieur des sept anneaux, les sept bagues épiscopales que vous avez retrouvées. Ce sont ces sept anneaux que je vous demande d'examiner.

— C'est-à-dire, jette Beaumagnan, que nous avons cherché pendant des années et des années et que vous, du premier coup, vous prétendez parvenir au même but que nous ?

—C'est exactement cela. Il ne restera ensuite plus qu'une question :

Comment prouver que sept est la moitié de douze ? »

Solution p. 314

RAOUL D'ANDRÉSY

« Intelligence, esprit, volonté, adresse physique, force musculaire, souplesse, endurance, il cultiva tous ses dons jusqu'à l'extrême limite, étonné lui-même de voir que cette limite reculait toujours devant la puissance de ses efforts. »

La Comtesse de Cagliostro,
publié en 1924.

Portrait

Raoul d'Andrésy n'est pas encore Arsène Lupin. Ce jeune homme touche-à-tout suit des études de médecine, de droit, il est l'assistant de Dickson, un célèbre prestidigitateur, puis de l'illusionniste Jean Pickmann, et il s'intéresse également à la bactériologie et la dermatologie sous l'identité d'un étudiant russe.
Fou amoureux de Clarisse d'Étigues, dont le père lui refuse la main, il se laisse envoûter par Joséphine Balsamo, dite La Cagliostro… Le jeune homme se lance alors définitivement dans la carrière criminelle et élucidera les quatre énigmes au dos du miroir de Marie-Antoinette :

In robore fortuna
La dalle des rois de Bohême
La fortune des rois de France
Le chandelier à sept branches

LES DEUX EXPRESS

Au volant de sa trente-cinq-chevaux Moreau-Lepton, Arsène Lupin tente de rattraper l'express du Nord, à bord duquel Mme Renaud vient de se faire dévaliser.

Sur une voie parallèle, un second train, l'express d'Amiens, roule dans la même direction. Pourtant, les panaches de fumée des deux locomotives s'envolent en direction opposée.

Comment est-ce possible ?

Solution p. 314

LE MESSAGE DE LA MORTE

À la recherche de la perle noire, Arsène Lupin s'introduit dans la chambre de la comtesse.

Il avance à tâtons dans l'obscurité et soudain un cri lui échappe : il vient de toucher une chevelure, un visage froid, presque glacé.

Lupin tourne le bouton de l'électricité et la pièce s'emplit de lumière. Une femme gît devant lui, couverte de sang. Il se penche et l'examine. Elle est morte, affalée sur une chaise, une balle dans la tête. Le lit est défait, les couvertures et les draps arrachés et par terre, à côté de la comtesse, repose un revolver.

Un gramophone est posé sur une petite table située près du lit. Lupin actionne la manivelle et abaisse le bras sur le bord du disque. Un message s'élève : « Je n'en peux plus... La vie m'est devenue insupportable », suivi d'un coup de feu.

Mais Arsène Lupin n'est pas dupe : bien évidemment, la comtesse a été assassinée.

Comment peut-il être certain qu'il ne s'agit pas d'un suicide ?

Solution p. 315

UNE QUESTION DE POINTS

Dans le cabinet de travail du baron Repstein, vaste pièce meublée d'un bureau américain et d'un coffre-fort, Lupin, un crayon à la main, réfléchit devant une feuille de papier :

— Voyons, voyons, du sang-froid ! De quoi s'agit-il ? D'ouvrir en vingt secondes un coffre dont tu ignores le secret. Et tu perds la tête pour si peu ? Voyons, t'as qu'à le trouver, ce secret.

Comment, sans lever une seule fois le crayon du papier, relier ces neuf points en quatre lignes droites ?

Solution p. 315

DRÔLE DE NUMÉRO

Dans son hôtel particulier situé place du Palais-Bourbon, Don Luis Perenna se précipite vers la petite cabine établie au premier étage où a été installé le téléphone.

C'est le brigadier Mazeroux qui l'appelle :

— Patron, tous les habitants du faubourg Saint-Germain disposent maintenant du téléphone. Mais j'ai eu un mal fou à vous joindre, car vous êtes sur liste rouge, et 18 % du sixième des 349 abonnés du quartier se sont inscrits sur cette liste.

Devinez combien de pages de l'annuaire j'ai dû compulser pour retrouver votre numéro ?

Solution p. 315

OÙ EST ÉLISABETH ?

Le lieutenant Paul Delroze se rend à la forteresse féodale d'Hildensheim pour retrouver sa femme Élisabeth.

Un pâle soleil d'hiver éclaire des pelouses et des massifs. D'un groupe de rochers artificiels s'échappe le mince filet d'une cascade qui forme, dans un cadre de sapins noirs, un vaste étang égayé de cygnes et de canards sauvages. À l'extrémité de cet étang, il y a une terrasse ornée de statues et de bancs de pierre.

Un concierge soupçonneux reçoit le lieutenant et accepte de lui indiquer où se trouve sa femme s'il répond à cette devinette :

Elle est dans l'étang.
Elle est au bout du jardin.
Elle commence la nuit.
Elle finit le matin.
Elle vient deux fois dans l'année.

De qui s'agit-il ?

Solution p. 316

LE TRÉSOR DE LUPIN

« Peut-être cela t'intéresse-t-il de visiter l'Aiguille ? propose Lupin à Isidore Beautrelet. Tiens, voici ma galerie de tableaux !

Les murs de la salle sont couverts de toiles, où Beautrelet lit les signatures les plus illustres : Raphaël, le Titien, Rembrandt, Vélasquez...

— De belles copies, approuve le jeune homme.

Lupin le regarde d'un air stupéfait.

— Quoi ! Des copies ! Es-tu fou ! Ce sont les toiles originales, collectionnées avec patience dans tous les musées d'Europe, où je les ai remplacées honnêtement par d'excellentes copies.

Les deux hommes grimpent encore un escalier. Et c'est la salle des tapisseries, puis la salle des horloges et des pendules, la salle des livres (oh ! les magnifiques reliures, et les volumes précieux introuvables, uniques exemplaires dérobés aux grandes bibliothèques !), la salle des dentelles, la salle des bibelots...

— Et la dernière, annonce Lupin, la salle du Trésor.

Celle-ci occupe le sommet de l'Aiguille creuse.

— Voici les perles de mes collections, annonce Lupin. Regarde, Beautrelet, rien que du choix, le meilleur du meilleur, de l'inappréciable. Regarde ces bijoux, regarde ce mobilier... j'ai ici le meuble le plus ancien du monde ! »

Savez-vous de quoi il s'agit ?

Solution p. 316

LES SPHÈRES DE LA CASSETTE

« **Ah ! fait Lupin en éclatant de rire au visage du milliardaire Rudolf Kesselbach, qu'il retient prisonnier dans son appartement.**

La cassette, tu y tiens comme à ta peau… Eh bien, tu l'auras, ta cassette… Foi d'Arsène… Qu'a-t-elle donc de particulier, cette boîte ? De l'ébène, incrusté d'ivoire… Oui, je connais ça… Style japonais faubourg Saint-Antoine… Pas de marque ? Et le dessous de la boîte, est-il épais ? Bigre ! Pas de double fond, alors… Examinons les incrustations d'ivoire sur le dessus… Ou plutôt non, le couvercle. Et puis, que contient-elle ? Mince ! Vingt-trois sphères d'or serrées les unes contre les autres, sans jeu entre elles.

Lupin saisit une carafe sur la cheminée, se verse un grand verre d'eau qu'il avale d'un trait, s'assied auprès de son prisonnier et lui dit :

— Fini de rire, Kesselbach. En ce moment, je t'assure que je ne rigole pas. Je vais te poser une question :

Combien peut-on retirer de sphères de la cassette de façon à ce qu'elles demeurent sans bouger, c'est-à-dire que chaque sphère reste maintenue par une autre adjacente, sans qu'on puisse la retirer de son logement ?

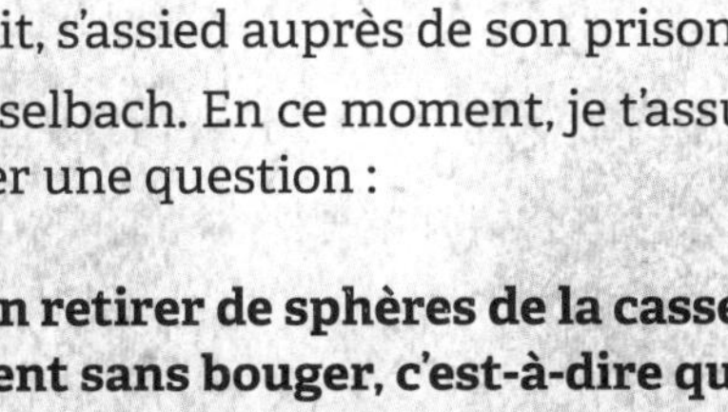

Solution p. 316

LA BELLE DOLORÈS

Dolorès Kesselbach est une femme assez grande, brune, dont les yeux noirs, de grande beauté, sont chargés d'or, de petits points d'or, pareils à des paillettes qui brillent dans l'ombre.

Elle est née d'une vieille famille espagnole, les Amalti.

Aujourd'hui, elle se rend à l'enterrement de sa mère. Elle paraît terrassée, sans larmes, mais le visage tordu de douleur et le corps tout tremblant, comme agité par des frissons de fièvre.

Parmi tous ceux qui viennent lui présenter leurs condoléances, elle remarque un inconnu, dont elle contemple la taille bien prise dans un habit de bon faiseur, l'élégance de la silhouette, la carrure des épaules... Elle en tombe à l'instant éperdument amoureuse. Mais personne autour d'elle ne le connaît, et il ne s'est pas présenté...

Quelques jours plus tard, Dolorès Kesselbach tue sa propre sœur.

Pour quelle raison ?

Solution p. 317

LA DEMEURE MYSTÉRIEUSE

Pour s'échapper de la demeure mystérieuse, Lupin doit trouver le chiffre qui complète ce tableau.

Celui-ci ouvrira l'issue dérobée sous le jardin, qui file vers la rue et débouche dans une écurie voisine.

Chaque rangée de ce tableau obéit à une logique.

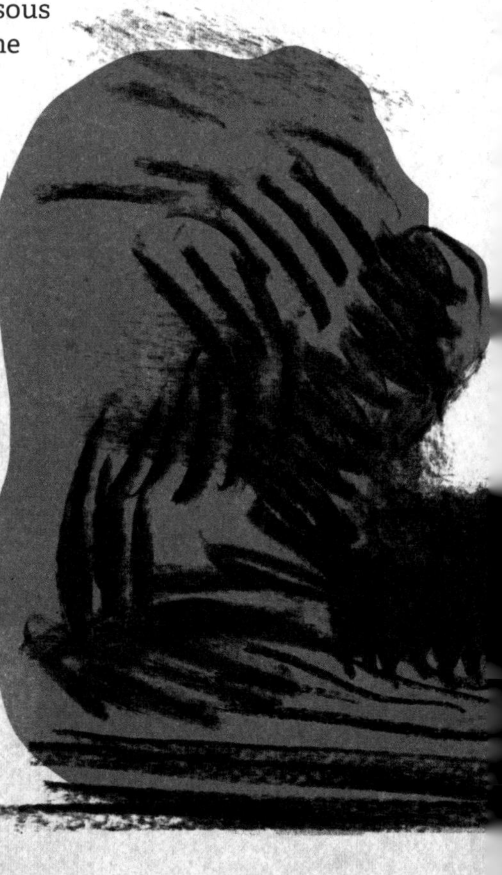

En retrouvant celle-ci, Lupin va-t-il parvenir à déterminer le chiffre manquant de la dernière rangée ?

7	4	8
3	9	7
6	5	10
?	8	4

Solution p. 317

L'HOSPITALITÉ DU COLONEL

Le colonel Sparmiento habite depuis quelques mois dans un hôtel situé au fond d'un petit jardin, à l'angle de la rue de la Faisanderie et de la rue du Dufrénoy.

Il s'est installé là avec sa jeune épouse et sa collection de douze tapisseries incomparables, inspirées de la fameuse tapisserie de Bayeux, représentant l'histoire de la conquête de l'Angleterre.

Pour faire admirer celles-ci, le colonel donne une fête d'inauguration, une sorte de vernissage. Il accueille onze invités, qui demandent tous à rester là pour la nuit. Mais le colonel ne dispose que de dix lits.

Cependant, il va se débrouiller pour satisfaire tout le monde. Il installe ses deux premiers invités dans un premier lit, en promettant à l'un des deux que s'il patiente un peu, il aura un lit au bout d'un petit moment. Ensuite, il installe le troisième invité dans le deuxième lit, le quatrième dans le troisième lit, et ainsi de suite, le dixième invité étant installé dans le neuvième lit. Il lui reste donc un lit disponible, qu'il propose au onzième invité, celui qui dort à deux dans le premier lit.

Celui-ci sait que Sparmiento se moque de lui, mais ne comprend pas comment.

Pouvez-vous l'aider ?

Solution p. 317

LE REFLET DE LUPIN

Après avoir été blessé d'un coup de poignard par Gabriel Dugrival, Lupin se réveille enfermé dans une pièce triangulaire dont le sol, le plafond et les trois pans de murs sont entièrement recouverts de miroirs.

Mme Dugrival et le jeune Gabriel ne sont pas encore là
et il n'y a rien ni personne d'autre que Lupin dans la pièce.

Combien de reflets de lui-même peut-il observer ?

Solution p. 318

LES GRANDS MOYENS

Après avoir contourné les douves du château, Arsène Lupin revient à son point de départ. Décidément, il paraît impossible de s'introduire dans le vaste domaine de Maupertuis.

— Soit, dit-il. Nous emploierons les grands moyens.

Le château a été construit sur une île de dix mètres de côté, cernée par des douves de cinq mètres de côté. Pénétrant au milieu des taillis où il a caché sa motocyclette, Lupin récupère deux planches.

Comment va-t-il pouvoir traverser ce fossé avec deux planches de 4,75 m ?

Solution p. 318

UN CADEAU À L'INSPECTEUR

Voilà une chose qu'Arsène Lupin a donnée à l'inspecteur Ganimard et, pourtant, il va devoir la garder...

Qu'est-ce que cela peut bien être ?

Solution p. 318

SEPT LETTRES

« Je suis le nouveau commissaire de police d'Auteuil, annonce Lupin en entrant dans les locaux de la Sûreté. M. Weber est là ? J'ai du gibier pour lui, et du gros.

— M. Weber est dans son appartement. Faut-il le prévenir ?

— Une seconde. Je suis pressé. Je vais laisser plusieurs lettres. »

Lupin s'assied devant une table et écrit sept missives.

S'il place ces sept lettres au hasard dans sept enveloppes, combien de lettres en moyenne se retrouveront dans la bonne enveloppe ?

Solution p. 319

LA FENÊTRE DU BOUDOIR

« **Toutes nos soirées, ou à peu près, s'écoulent ici, dans cette pièce, qui est le boudoir de ma femme et où nous avons réuni quelques objets d'art, explique M. d'Imblevalle à Herlock Sholmès.**

Samedi dernier, vers 11 heures, j'ai éteint l'électricité et, ma femme et moi, nous sommes retirés comme d'habitude dans notre chambre.

— Qui se trouve ?...

— À côté, cette porte que vous voyez. Le lendemain, c'est-à-dire le dimanche, je me suis levé de bonne heure. Comme Suzanne – ma femme – dormait encore, je suis passé dans ce boudoir aussi doucement que possible pour ne pas la réveiller. Quel ne fut pas mon étonnement en constatant que cette fenêtre avait été agrandie à deux fois sa taille, mais sans augmenter ni sa hauteur ni sa largeur. »

Comment un tel mystère est-il possible ?

Solution p. 319

UNE PROMENADE DANS L'ÎLE SAINT-LOUIS

À l'invitation du prince Rénine, Hortense Daniel, accompagnée de sa sœur Geneviève, se rend dans l'île Saint-Louis, après avoir traversé le pont des Tournelles.

— Tiens, c'est le magasin où travaille mon neveu, remarque Hortense en s'arrêtant devant une boutique de bric-à-brac qui occupe presque tout le rez-de-chaussée d'une vieille maison et dont l'enseigne porte ces mots : « Au dieu Mercure ».

Les vitres étincelantes laissent apercevoir un amoncellement désordonné d'objets – chouettes empaillées, squelettes, crânes, alambics de cuivre, astrolabes, mains d'ivoire et mains de corail qui conjurent les mauvais sorts – et de meubles anciens.

— Il faut que j'aille lui dire bonjour, déclare la jeune femme en saisissant la poignée de la porte.

— Comme je n'ai pas de neveu, lui répond sa sœur Geneviève, je vais continuer seule, je t'attends plus loin.

Quel est le lien familial entre Geneviève et le neveu d'Hortense Daniel ?

Solution p. 319

LES MAISONS DE L'ARCHITECTE

« **Voilà plusieurs fois, monsieur, que je vous rencontre sur mon chemin, lance Lupin, un peu énervé, à Herlock Sholmès. Que savez-vous au juste ?**

— Tout, monsieur, je vous le répète.

— Vous savez que, sous le nom de Maxime Bermond, j'ai... retouché quinze maisons construites par l'architecte Destange ?

— Oui. Vous avez à chaque fois établi des passages secrets permettant de communiquer entre immeubles voisins.

— Combien de ces maisons connaissez-vous ?

— Eh bien, rue Clapeyron, avenue Henri-Martin, rue Chalgrin, rue Pergolèse... Voici d'ailleurs la succession des numéros de ces maisons dans la liste ci-dessous. »

Vous souviendrez-vous des numéros manquants ?

25/23	40/42	134/132	64/66
134/132	64/66	??/??	40/42

Solution p. 320

QUI A RAISON ?

Le comte de Waldemar est assis en face d'Arsène Lupin.

Celui-ci demande un crayon et du papier et inscrit quelque chose sur la feuille blanche.

Le comte sourit.

— Ah, ça ! Qu'est-ce qui vous fait rire ? s'écrie Lupin, agacé. Cette équation est tout à fait exacte.

— Non, ça ne prend pas, fait le comte, narquois. C'est faux.

Lupin affirme que non.

Comment peuvent-ils avoir tous les deux raison ?

Solution p. 320

LE MYSTÈRE DE LA CHAPELLE

Dans la chapelle gothique du parc du château d'Ambrumésy, alors que Lupin s'apprête à voler les statues, il remarque une oriflamme suspendue.

Il y a là une énigme architecturale, car il lui semble bien que les deux morceaux de l'ogive ne se rejoignent pas...

A-t-il raison ?

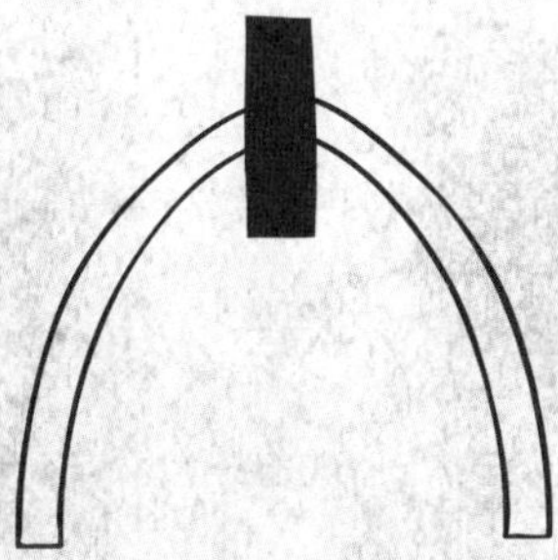

Solution p. 320

HERLOCK SHOLMÈS

« Herlock Sholmès est un homme... comme on en rencontre tous les jours. Âgé d'une cinquantaine d'années, il ressemble à un brave bourgeois qui aurait passé sa vie, devant un bureau, à tenir des livres de comptabilité. Rien ne le distingue d'un honnête citoyen de Londres, ni ses favoris roussâtres, ni son menton rasé, ni son aspect un peu lourd – rien, si ce n'est ses yeux terriblement aigus, vifs et pénétrants. »

Arsène Lupin contre Herlock Sholmès, publié en 1908.

Portrait

« Comme policier, je ne crois pas qu'il ait jamais existé ou qu'il existe jamais son pareil », reconnaît Lupin. Cet adversaire à sa mesure quitte sa résidence du 219, Parker Street, à Londres, pour tenter de mettre fin aux agissements du gentleman cambrioleur. Mais arrêté, emprisonné, Lupin échappe toujours à son adversaire et, à l'issue des nombreux duels et confrontations, le grand détective anglais confiera, dépité, à l'inspecteur Ganimard : « Lupin n'existe pas ! »

L'ADRESSE D'HERLOCK SHOLMÈS

À la suite du vol du diamant bleu, la comtesse de Crozon s'adresse à l'inspecteur Ganimard :

— Il est un homme, un seul après vous, selon moi, qui serait capable de combattre Lupin et de le réduire à merci. M. Ganimard, vous serait-il désagréable que nous sollicitions l'aide d'Herlock Sholmès ?

— Mais non…, fait l'inspecteur, décontenancé.

— Bien. Alors, nous allons faire appel à lui. Vous connaissez son adresse ?

— Oui, Parker Street, 219.

— À Londres ?

— Eh bien, il me semble…, hésite l'inspecteur. Encore que… Il y a bien une partie de Londres qui se trouve en France.

— Laquelle ? demande la comtesse, interloquée.

Solution p. 321

LE PROTÉGÉ DE DOROTHÉE

Le capitaine Montfaucon est un bambin de sept ou huit ans aux boucles blondes et aux joues écarlates.

Vêtu d'une veste qui traîne à terre et d'un pantalon en tire-bouchon dont le bas est relevé jusqu'aux genoux, il prend l'ascenseur au douzième étage de l'immeuble pour rejoindre en bas Dorothée, la jeune danseuse de corde du « Cirque Dorothée » qui l'a recueilli.

Mais le soir, lorsqu'il rentre à la maison, si Dorothée n'est pas là et qu'il n'y a personne, il prend l'ascenseur jusqu'au sixième étage. Ensuite, il sort de l'ascenseur et monte à pied les six étages restants.

Pourquoi ?

Solution p. 321

L'ÂGE DE LA COMTESSE

La comtesse de Cagliostro déclare :
— Mon âge aujourd'hui est trois fois ce qu'il sera dans trois ans moins trois fois l'âge que j'avais il y a trois ans.

Quel âge a-t-elle ?

Solution p. 321

UNE CACHETTE POUR LE COLLIER

De retour du bal des Valton-Trémor, Marceline Dimbleval s'inquiète :

— Moi, je ne vis plus quand ton collier est ici, papa ! Un jour ou l'autre, quelque malfaiteur, Arsène Lupin par exemple, pourrait bien venir le subtiliser.

— Comment ? ! proteste son père. Ma fille, un collier historique, qui m'a rendu célèbre ! Tiens, pour te rassurer, je vais le dissimuler... dans un endroit où précisément l'on ne cache rien de précieux... Tiens, dans ce vase, là, aucun danger...

Marceline demeure perplexe.

— Un vase ? Quel vase ?

Vous non plus, comme Marceline, ne voyez-vous pas de vase ici ?

Solution p. 321

LE RÈGLEMENT EST LE RÈGLEMENT

Un individu vêtu d'un large raglan, coiffé d'une casquette enfoncée et le bas du visage dissimulé dans un cache-nez gris, arrive à la gare de Lyon, où il va prendre un billet pour Monte-Carlo.

Il s'apprête à aller prendre le rapide de 9 h 46. Sa main droite tient une lourde valise. Sous le bras gauche, en même temps qu'une liasse de journaux et de magazines, il transporte un fusil de chasse enveloppé de papier d'emballage et ficelé qui mesure 2,30 m.

À l'instant où il se prépare à pénétrer sur le quai pour gagner la voiture numéro 5, le contrôleur l'arrête.

— Monsieur, impossible de monter à bord de ce train !

— Et pourquoi donc ?

— Le règlement de la compagnie de chemin de fer interdit les objets de plus de deux mètres.

Comment l'homme va-t-il contourner le règlement ?

Solution p. 322

FILIATION

Rentrant de courses, Victoire, la nourrice d'Arsène Lupin, lui annonce :

— À l'épicerie, j'ai rencontré la belle-mère de la belle-mère du mari de ta fille.

De qui s'agit-il ?

Solution p. 322

LES BARREAUX DE LA TOUR

Parvenu au sommet de la tour des Deux-Amants, Lupin découvre derrière une ouverture fermée par trois barreaux un drôle de spectacle : l'ancienne salle des tortures, dont les voûtes sont soutenues par quatre gros piliers massifs.

Une odeur de moisissure et d'humidité monte des murailles et des dalles mouillées par les infiltrations et, à quelques mètres en contrebas, Daubrecq est enchaîné, prisonnier du marquis d'Albufex.

— Allons-y, enlevons le Daubrecq ! décide Lupin. J'ai une lime très puissante, et le fer des barreaux, rouillé et rongé par le temps, est à certains endroits presque friable, chuchote-t-il au prisonnier. Il va me falloir une minute pour scier un des barreaux.

Combien de temps pensez-vous qu'il lui faudra pour couper le barreau en dix morceaux ?

Solution p. 322

LE MYSTÈRE DES SEPT TRIANGLES

« **Encore un mystère que ces triangles d'or, déclare le capitaine Patrice Delval à Don Luis Perenna, l'illustre aventurier.**

Où sont-ils, ces sept triangles d'or ? Avez-vous une idée à ce propos ? Comment, en enlevant trois allumettes à cette figure, peut-on obtenir un total de sept triangles ?

— Mon Dieu… Bien des problèmes, indéchiffrables pour les autres, me semblent à moi les plus simples et les plus clairs du monde, lui répond Don Luis. »

Comme lui, saurez-vous trouver la réponse ?

Solution p. 323

LA FEMME DE L'INSPECTEUR

Jim Barnett, alias Lupin, s'exclame avec enthousiasme :

— Ta femme est Olga Vauban, la chanteuse-acrobate des Folies-Bergère ? Toutes mes félicitations, Béchoux ! C'est une véritable artiste, qui a trouvé une formule nouvelle. Son dernier numéro : « Isidore... m'adore. Mais c'est Jaime... que j'aime » vous donne le frisson du grand art.

Mais comment fait-elle pour se tenir la tête et les pieds en haut en même temps ?

Solution p. 323

LE JOUR DU MARIAGE

Raoul d'Andrésy frappe à petits coups à la porte de Clarisse d'Étigues. La jeune fille apparaît, une lampe à la main.

Le jeune homme se jette à ses pieds et murmure :

— Puisque votre père refuse de m'accorder votre main, je vous enlève et nous nous marions aujourd'hui !

— Aujourd'hui ? balbutie la jeune fille. Mais quel jour sommes-nous ?

— Nous ne sommes pas le lendemain de lundi ou le jour avant jeudi, demain n'est pas dimanche, ce n'était pas dimanche hier, après-demain n'est pas samedi, et avant-hier n'était pas mercredi.

En dépit de son trouble, Clarisse saura-t-elle déterminer ce jour ?

Solution p. 323

SHOLMÈS RÉSOUT UNE ÉNIGME

Herlock Sholmès enquête minutieusement sur les deux vols commis dans le luxueux hôtel particulier donnant sur le parc Monceau du baron et de la baronne d'Imblevalle.

Au bout de deux jours de fouilles, il a soudain un cri de joie en découvrant un petit carré de papier quadrillé portant trois lettres. Il éprouve ce petit serrement du cœur qui lui annonce toujours, de la manière la plus nette, qu'il a touché au nœud même d'une intrigue.

Il inscrit soigneusement sur son carnet les lettres majuscules suivantes suivies de quatre tirets :

L M M _ _ _ _

Certain qu'il s'agit d'une suite logique, comment va-t-il parvenir à la compléter ?

Solution p. 324

LES DÉS DU GRAND PAUL

« Regarde, murmure Raoul à l'inspecteur Gorgeret. Le grand Paul est là.

— Où ? dit vivement Gorgeret.

— Derrière deux dames, à l'entrée du casino… Un grand type en haut-de-forme avec un cache-col de soie blanche. C'est le grand Paul, un monsieur chic.

— Ah ! La crapule !

— Tu ne l'as jamais rencontré comme ça ?

— Si… Si… Dans des tripots… Il pratiquait un tour de sa façon avec des dés.

— Comme cela ? interroge Raoul.

— Avec six dés identiques collés les uns aux autres en une seule ligne, comme ci-dessous. À l'exception des sept faces affichées, le reste ne portait aucun point. Il fallait néanmoins en déduire les chiffres qui devaient s'y trouver. Et chaque face vierge ne devait utiliser que les chiffres de 1 à 6. Vous auriez trouvé les chiffres manquants, vous ? »

Raoul, alias Lupin, réfléchit…

Solution p. 324

UNE LETTRE POUR LE BARON

Dans son château du Malaquis, planté sur une île au milieu de la Seine, le baron Satan veille sur ses trésors accumulés.

Il les aime, ses bibelots. Chaque jour, au coucher du soleil, les quatre portes bardées de fer qui commandent les deux extrémités du pont qui mène à la terre ferme sont fermées et verrouillées. Au moindre choc, des sonneries électriques vibreraient dans le silence. De l'autre côté, rien à craindre. Le roc se dresse à pic sur la Seine.

Isolé, sans ami ni personne qui s'intéresse à lui, jamais le baron ne reçoit de lettres. Pourtant, le facteur s'est présenté ce matin à la tête de pont avec une lettre recommandée : une missive expédiée de la prison de la Santé et signée Arsène Lupin ! Stupéfait, le baron demande :

— Quand cette lettre a-t-elle été expédiée ?

— Eh bien, hier, répond le facteur.

— Et quel jour était-on hier, si jeudi était quatre jours avant après-demain ?

Solution p. 324

ARSÈNE LUPIN

LES DANGERS DE LA SOLITUDE

Dans les bois qui ceignent le château de Tancarville, si l'on monte sur le belvédère, on a la vue la plus grandiose sur le canal et sur l'estuaire du fleuve.

Là-bas, Gaston Bricou vit seul, sans jamais voir personne.

Un soir, plus déprimé que jamais par cette solitude absolue, Gaston éteint toutes les lumières et se met au lit. Le lendemain, la police vient l'interpeller : quinze personnes sont mortes par sa faute.

Que s'est-il passé ?

Solution p. 325

MON PETIT LUPIN

« **Il y a des problèmes que l'on résout un peu au hasard, sans chercher, explique Don Luis Perenna, alias Lupin, à Patrice Delval.**

— Mais quelle était l'énigme ? demande celui-ci.

— Comment écrire 100 en utilisant uniquement le nombre 9 ?

Patrice Delval demeure perplexe.

— Les vérités les plus complexes sont toujours si simples ! Il y a quelque chose de bien supérieur à l'observation, la déduction, les raisonnements et autres balivernes, c'est l'intuition… L'intuition et l'intelligence… Et Arsène Lupin, sans se vanter, ne manque ni de l'une ni de l'autre.

— Et alors ? Vous avez trouvé ?

— J'ai allumé une cigarette, je me suis établi là-haut, sur le pont de la péniche, et je me suis dit, tout en regardant autour de moi : « Mon petit Lupin, je te donne cinq minutes. » Quand je me dis : « Mon petit Lupin », il m'est impossible de me résister à moi-même. Je n'avais pas fumé le quart de la cigarette que ça y était.

— Vous saviez ?…

— Je savais. »

Et vous, savez-vous ?

Solution p. 325

LE PIÈGE DE L'INSPECTEUR

Furieux de s'être encore fait doubler par Jim Barnett, alias Arsène Lupin, l'inspecteur Béchoux lui tend un piège.

Au Vieux-Donjon, il veut le faire tomber dans la fosse qu'il a préparée.

Combien y a-t-il de mètres cubes de terre dans cette fosse de 2 mètres sur 1 mètre ?

Solution p. 325

LE WHISKY DU DÉTECTIVE

Dans le petit restaurant près de la gare du Nord où dîne Arsène Lupin, Herlock Sholmès vient de pénétrer avec son ami et collaborateur M. Wilson.

Le détective anglais s'installe à une table et, au bout d'un instant, appelle :

— Garçon !

Le garçon accourt. Sholmès commande :

— Portez ce vieux whisky au juge blond qui fume.

La stupeur de Wilson provoque l'hilarité. Ses yeux écarquillés et sa bouche large ouverte barrent de deux traits sa figure épanouie.

— Wilson, vous ne cachez pas assez votre ahurissement, ricane Herlock Sholmès avec une nuance de raillerie. Qu'a donc de si extraordinaire ce que je viens de dire ?

— Moi, je puis répondre, intervient Lupin en venant s'installer à la même table.

Et vous, saurez-vous également déterminer ce qu'a de si particulier la question d'Herlock Sholmès ?

Solution p. 325

LE CAUCHEMAR DE LA COMTESSE D'ORIGNY

En proie à un horrible cauchemar, la comtesse Yvonne d'Origny était terrifiée.

« Je suis perdue, je suis perdue ! » gémissait-elle dans son sommeil.

Elle rêvait que quelqu'un entrait dans sa chambre, s'approchait d'elle... Un homme qui allait lui arracher son anneau de mariage, le couper à même sa main, à coups de hache...

Au moment où la hache allait s'abattre, le comte d'Origny a secoué sa femme pour la réveiller. Mais le choc a été si grand que celle-ci est morte sur le coup, explique-t-il à Horace Velmont, alias Lupin, en lui racontant ce cauchemar.

Cependant, celui-ci a quelques doutes sur la véracité du récit.

Pourquoi ?

Solution p. 326

L'ÉVASION DE LUPIN

Arsène Lupin s'éveille dans sa cellule de « Santé-Palace ». Au directeur de la prison qui vient lui rendre visite, il déclare en riant de bon cœur :

— Prenez toutes les précautions, Monsieur le directeur, ne négligez rien, car... ma seule excuse d'être en prison est d'en sortir !

En effet, Lupin a fait passer ses consignes à ses hommes... Il est bien décidé à s'évader.

Voici reproduit ci-dessous le plan de la prison avec les 35 cellules. Pour que ses comparses puissent faire évader le gentleman cambrioleur, ils doivent trouver la cellule dans laquelle il a été enfermé. Sachant qu'en partant d'une des cellules extérieures et en franchissant chaque entrée une fois et une fois seulement, le comparse aboutira à la cellule de Lupin, **d'où doit-il partir ?**

Ajoutons que, à moins de démarrer de la bonne cellule, il est impossible de franchir toutes les portes une fois et une fois seulement.

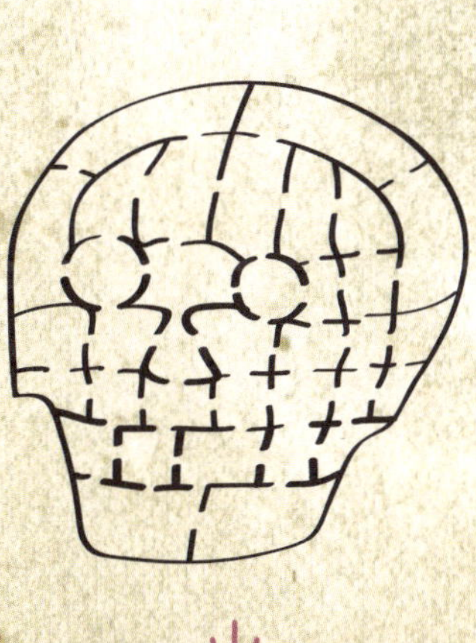

Solution p. 326

UN CARTON À CHAPEAU

Lupin a confectionné ce carton à chapeau, dans lequel il a l'intention de dissimuler des billets de banque enveloppés dans du papier de soie.

À partir de quel choix offert ci-dessous ?

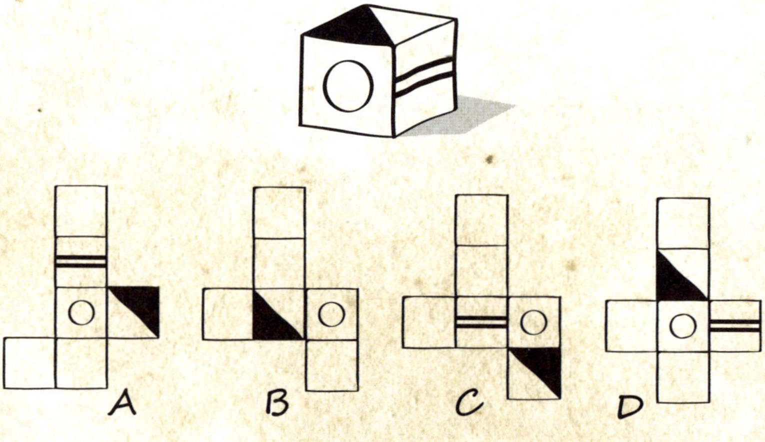

Solution p. 327

THÉ OU CAFÉ ?

Jeanne Darcieux a commencé son repas du soir dans la salle à manger de son père.

Lupin, qui la regarde par la porte ouverte, la voit porter à ses lèvres une tasse dont elle boit quelques gorgées.

Soudain, il se précipite sur elle et lui prend le bras.

— Qu'est-ce que vous buvez là ?

— Mais, dit-elle, interloquée... Une infusion... Du thé.

— Vous avez fait une grimace de dégoût... Pourquoi ?

— Je ne sais pas... Il m'a semblé qu'il y avait une sorte d'amertume...

— Et cette autre tasse, que contient-elle ? demande Lupin en désignant la seconde tasse posée devant la jeune fille.

— Du café.

— Prenez une cuillerée de thé et mélangez-la à la tasse de café.

La jeune fille obéit et Lupin poursuit :

— Celle-ci contient alors un mélange de thé et de café. Prenez maintenant une cuillerée de ce mélange et ajoutez-la au thé.

Une fois que Jeanne Darcieux s'est exécutée, Lupin interroge :

— La tasse de café contient-elle davantage de thé ou bien la tasse de thé contient-elle davantage de café ?

Solution p. 327

LA DISPARITION DE LA CHAMBRE À COUCHER

« **On a volé ma chambre à coucher et mes bijoux. Viens. Olga. »**

— Bigre, remarque Jim Barnett à la lecture du télégramme que lui a tendu Béchoux.

Les deux hommes se rendent à l'hôtel où séjourne Olga Vaubant, la célèbre artiste de music-hall. Celle-ci les conduit à sa chambre : la pièce est absolument, radicalement vide. Meubles, rideaux, gravures, glaces, tapis, bibelots, plus rien.

— Hein ? L'ont-ils nettoyée ! dit Olga. Tous mes bijoux, et jusqu'à mon jeu de brosses en ivoire, qu'ils ont raflé ! Et ce que j'y tenais, à mes meubles, que j'avais fait installer ici ! Pur Louis XV... Un lit où coucha la Pompadour !...

— Raconte ce qui s'est passé, dit l'inspecteur Béchoux.

— Oh ! Ce n'est pas long, explique-t-elle. Hier soir, la demie de dix heures venait de sonner... Soudain, un individu grand et baraqué au visage dissimulé par un foulard s'est introduit dans la chambre, m'a demandé la clé de mon coffre à bijoux, puis m'a ordonné d'entrer dans la salle de bains. À ce moment-là, un autre homme est arrivé, petit et trapu, lui aussi le visage dissimulé par un foulard. Ils m'ont ensuite enfermée dans la salle de bains. Après, j'ai entendu un foin de tous les diables, puis plus rien. Ma femme de chambre est venue me délivrer et j'ai constaté que ma chambre et mes bijoux s'étaient volatilisés ! »

Barnett, alias Lupin, mène alors son enquête : il consulte le registre des clients, interroge les employés. Rapidement, la liste des suspects se réduit à trois personnes : Honoré Massol, Gaston Delivet et Victor Hautin.

L'un de ces trois hommes était le grand individu qui s'est introduit le premier dans la chambre. L'un des trois hommes est le complice du grand individu depuis plusieurs années. Et le troisième homme est employé de l'hôtel depuis cinq ans.

Lupin a récolté d'autres informations : Honoré Massol s'est enregistré à l'hôtel en provenance de Venise. Gaston Delivet et le grand individu ont tous les deux fait de la prison ensemble pour vol de bijoux. Quant à l'employé de l'hôtel, il n'avait jusqu'à présent jamais commis d'acte criminel.

Compte tenu de tous ces faits, Lupin peut-il identifier chacun des suspects ?

Solution p. 328

JIM BARNETT

« Un individu bizarre, [...] carré d'épaules, solide d'aspect, mais vêtu d'une redingote noire, ou plutôt verdâtre, dont l'étoffe luisait comme la soie d'un parapluie. La figure, énergique et rudement sculptée, était jeune, mais abîmée par une peau âpre, rugueuse, rouge, une peau de brique. Les yeux froids et moqueurs, derrière un monocle qu'il mettait indifféremment à droite ou à gauche, s'animaient d'une gaieté juvénile. »

L'Agence Barnett et Cie,
publié en 1928.

Portrait

Détective privé dont l'agence ouvre en novembre 1905 à Paris, rue de Laborde, dans le 8e arrondissement, Jim Barnett mène un certain nombre d'enquêtes – douze, semble-t-il – en compagnie de l'inspecteur Théodore Béchoux.
Mais les horaires d'ouverture de l'Agence Barnett, de deux à trois heures, laissent à penser qu'Arsène Lupin, de son côté, a tout le temps de s'occuper par ailleurs à séduire quelque adorable jeune femme ou bien à résoudre d'autres affaires, par exemple sous l'identité du baron Jean d'Enneris.

LA VALEUR N'ATTEND POINT LE NOMBRE DES ANNÉES

À six ans, le petit Raoul d'Andrésy, qui deviendra plus tard Arsène Lupin, a volé le collier de la Reine, chez les Dreux-Soubise.

Dans le parc, il en a profité pour marquer sa taille d'un clou enfoncé dans le tronc de son arbre favori.

Dix ans plus tard, il revient voir combien le clou a gagné en hauteur. Si l'arbre a grandi de cinq centimètres chaque année,

à quelle hauteur se trouve maintenant le clou ?

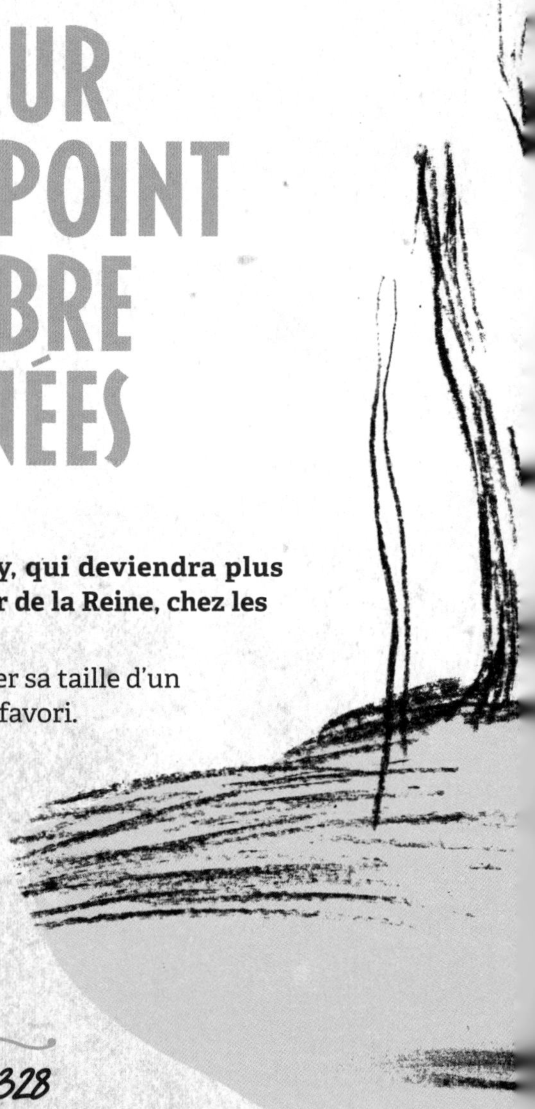

Solution p. 328

UNE MYSTÉRIEUSE CARTE DE VISITE

« **Dans la poche secrète du portefeuille de M. Leboc, il y a une carte de visite qui va nous fournir un indice, déclare Jim Barnett, alias Lupin.**

Ébahi, l'inspecteur Béchoux contemple la carte, sur laquelle sont inscrits ces symboles :

— Il ne te reste plus qu'à compléter cette séquence, affirme Lupin. »

Comment Béchoux va-t-il découvrir le symbole manquant ?

Solution p. 329

UN DÎNER DANS L'AIGUILLE CREUSE

Au cœur de l'Aiguille creuse, Isidore Beautrelet pousse une porte. Au milieu de la pièce, une table richement servie avec une nappe en dentelle, des compotiers de fruits et de gâteaux, du champagne en carafe, et des fleurs, un amoncellement de fleurs.

Autour de la table, huit couverts.

Beautrelet s'approche. Sur les serviettes, il y a des cartes avec le nom des convives. Huit en tout.

Le jeune homme sait que les huit convives prévus, au nombre desquels figurent Arsène Lupin et sa femme, ont pris l'engagement de continuer à dîner ensemble jusqu'à ce qu'ils soient parvenus à se ranger autour de la table de toutes les façons possibles.

Mais Isidore Beautrelet sait aussi que cette promesse est irréalisable.

Pourquoi ?

Solution p. 329

UN BAL BIEN FRÉQUENTÉ

Pour se rendre au bal organisé en l'honneur du roi Christian au palais de Castille, la comtesse de Dreux-Soubise met sur ses blanches épaules le fameux « Collier de la Reine », le collier légendaire de Marie-Antoinette.

Elle y remporte un véritable succès, et toute l'assistance remarque sa beauté magnifique.
Il y a quarante-deux invités à la réception. La comtesse danse avec sept cavaliers, dont le roi, Lady Billingstone avec huit autres, Mme de Rouzières avec neuf, et ainsi de suite jusqu'à la dernière dame, qui danse avec tous les hommes.

Combien y avait-il de dames à ce bal ?

Solution p. 329

LA LAMPE DU CABINET DE TRAVAIL

Après une soirée au théâtre, Raoul d'Avenac rentre chez lui. Il s'arrête un instant devant la glace de son vestibule et se réjouit comme tous les soirs de se rendre dans son cabinet de travail pour se laisser tomber au creux d'un vaste fauteuil en cuir.

Une porte hermétique sépare le vestibule de son cabinet de travail. Sous la glace du vestibule dans laquelle se contemple Raoul, il y a trois interrupteurs, dont un seul allume l'ampoule de la lampe de son cabinet de travail.

Comment Raoul d'Avenac, alias Lupin, va-t-il trouver le bon interrupteur en ne se rendant qu'une fois dans le cabinet de travail pour revenir allumer la lumière depuis le vestibule ?

Solution p. 330

L'ÉNIGME DE L'ÎLE

Sur la terrible île de Sarek, l'île aux trente cercueils que tous ses habitants ont abandonnée, sur laquelle les trois sœurs Archignat ont été crucifiées, je suis Véronique d'Hergemont, mais je ne suis pas Véronique d'Hergemont.

Quelle est donc cette énigme, et qui suis-je ?

Solution p. 330

CHACUN SON MESSAGER

À peine libéré par le préfet de police, Don Luis Perenna, alias Arsène Lupin, expédie un messager de Paris à Alençon pour prévenir ses comparses, en lui demandant d'atteindre cette ville en sept jours.

De son côté, l'inspecteur Ganimard expédie un policier chargé d'un message pour le préfet d'Alençon à Paris. Ce messager doit rejoindre la capitale en neuf jours.

Les deux villes sont séparées de 250 km, et les deux messagers entament leur périple au même moment.

Dans combien de jours vont-ils se croiser ?

Solution p. 330

LA QUESTION DE THOMAS LE BOUC

Le Zanzi-Bar est fréquenté par tous ceux qui vivent des courses ou s'y endettent, parieurs habitués des pelouses, bookmakers inavoués, marchands de pronostics.

Le soir, c'est un tripot clandestin. C'est alors que Thomas Le Bouc – abréviation française de « Le Bookmaker » – prend toute son importance. Thomas Le Bouc joue sec et gagne toujours. Vêtu en monsieur, coiffé d'un chapeau melon qui ne le quitte jamais, il passe pour un homme « qui connaît son affaire ». Quelle affaire ? On ne précise pas.

Ce soir-là, un individu blafard vient échouer à une table du tripot et sort de son portefeuille des coupures de dix francs. Thomas Le Bouc n'hésite pas alors à le défier en lui expliquant le jeu suivant :

« Chacune des cartes présente très probablement une lettre sur une face et un chiffre sur l'autre. Je prétends que si vous constatez que la lettre est une voyelle, alors vous pouvez être sûr que le chiffre de l'autre côté est pair. »

Combien de cartes devez-vous retourner pour vérifier que mon assertion est vraie ?

Solution p. 331

ARSÈNE LUPIN ÉTUDIANT

Le président du tribunal consulte ses notes :

— Malgré toutes les recherches, il a été impossible de reconstituer votre identité. Vous jaillissez il y a trois ans, on ne sait de quel milieu, pour vous révéler tout à coup Arsène Lupin. Prestidigitateur, professeur de lutte japonaise, coureur cycliste qui gagna le Grand Prix de l'Exposition, étudiant russe spécialisé en bactériologie. Il ne semble pas que vous soyez allé à l'université...

— Exact ! Et pourtant, je suis parfaitement capable d'élucider le problème suivant, posé aux étudiants de Stanford :

« C'est mieux que Dieu.
C'est pire que le diable.
Les pauvres en ont.
Les riches en ont besoin.
Si on en mange, on meurt. »

Et vous, monsieur le président ? interroge Lupin.

Solution p. 334

LES MAILLONS DU LUSTRE

Antoine Fagerault a accepté de révéler où il avait dissimulé les diamants du gros Van Houben.

Il conduit celui-ci, accompagné de Jean d'Enneris, dans le boudoir de la demeure mystérieuse. La pièce est vide. Seul pend du plafond un lustre du XVIIIe tout en chaînettes de cristaux taillés.

— Voilà ! dit Fagerault. J'ai remplacé un certain nombre de cristaux par des diamants. Pour cela, il me fallait une chaîne de quinze maillons, alors que je n'avais que cinq chaînettes de trois maillons. Mais, pour couper un maillon et le ressouder, mon complice me demandait 50 francs, 10 par chaînette ! Un escroc !

À votre avis, quelle solution ai-je trouvée pour que l'opération me coûte moins cher ?

Solution p. 331

LES ÉQUATIONS DE MONTESSIEUX

Raoul tire de sa poche une feuille de papier sur laquelle se trouvent un certain nombre d'équations alignées par M. Montessieux.

— Vois-tu, Béchoux, les équations suivantes sont fausses. Il nous faut les corriger en suivant les instructions suivantes : on ne peut pas utiliser d'autres chiffres et on ne peut pas utiliser les signes = > ou <.

Comment vont-ils faire ?

1 1 1 = 6
2 2 2 = 6
3 3 3 = 6
4 4 4 = 6
5 5 5 = 6
6 6 6 = 6
7 7 7 = 6
8 8 8 = 6
9 9 9 = 6
0 0 0 = 6

Solution p. 332

LA BOUGIE INVISIBLE

« Là-haut… Regardez là-haut… Une lumière… ! » lance Wilson à Herlock Sholmès.

En effet, l'une des fenêtres du premier étage de la maison qu'ils surveillent est illuminée. Ils s'élancent tous les deux au pas de course et se retrouvent au milieu d'une pièce où brûle une bougie. À côté, il y a un panier et de ce panier, émergent le goulot d'une bouteille, des cuisses de poulet et la moitié d'un pain.

Sholmès éclate de rire.

— À merveille, on nous offre à souper. Quel maître que cet Arsène Lupin ! Allons, Wilson, tout cela est très drôle.

— Êtes-vous sûr que ce soit très drôle ? gémit Wilson, lugubre.

— Si j'en suis sûr… Wilson, mon vieil ami, vous me chagrinez. Tenez, pour vous dérider, une devinette : je vais placer cette bougie dans une position telle que tout le monde sauf une personne pourra la voir, sans que cette personne soit aveuglée ni empêchée de se tourner de quelque façon que ce soit.

Comment vais-je faire ?

Solution p. 333

LA MAGIE DU GRAND BASSIN

Accoudé au sommet de la tour du château d'Halingre avec la belle Hortense, Arsène Lupin contemple le magnifique bassin au centre de la cour, planté d'arbres aux quatre coins.

Ah, si seulement il pouvait en doubler la surface, mais sans toucher aux arbres !

Comment peut-il y arriver ?

Solution p. 333

UNE QUESTION DE LUPIN

« **Lupin, racontez-moi donc quelque chose.**

— Eh ! Que voulez-vous que je vous raconte ? répond Lupin, qui somnole sur le divan du cabinet de travail de son biographe, Maurice Leblanc.

— Eh bien, la façon mystérieuse dont vous avez déchiffré l'énigme des trois tableaux, par exemple ? Vos succès mondains ? Les intrigues du galant Arsène ! Le secret de vos bonnes actions ?

— Je vais plutôt vous poser une question, cher ami. Quel est le plus long mot de la langue française dont on ne prononce aucune des lettres ?

— Mais c'est idiot, objecte Leblanc.

— Absolument idiot, mais on fait tant de choses idiotes dans la vie... Une de plus... »

Alors ?

Solution p. 333

Maurice Leblanc

LA COMTESSE DE CAGLIOSTRO

« Le visage était admirablement beau, formé par des lignes très pures et animé d'une expression qui, même dans l'impassibilité, même dans la peur, semblait un sourire. Avec un menton plutôt mince, ses pommettes légèrement saillantes, ses yeux très fendus, et ses paupières lourdes, elle rappelait ces femmes de Vinci [...] dont toute la grâce est dans un sourire qu'on ne voit pas, et qu'on devine, et qui vous émeut et vous inquiète à la fois. »

La Comtesse de Cagliostro,
publié en 1924.

Portrait

Cette « infernale et magnifique créature » est la fille du mage Cagliostro et de Joséphine de Beauharnais, apparemment dotée d'une jeunesse éternelle.
Raoul arrache aux griffes de ses poursuivants Joséphine Balsamo, qui écume la Normandie à la tête d'une bande de criminels. Devenu son complice, il vit avec elle une passion dévorante.
Mais les deux amants se transforment en ennemis mortels, la comtesse fait enlever par ses hommes de main le fils de Raoul d'Andrésy et Clarisse d'Étigues, et ourdira contre lui un piège diabolique...

UN JEU DE HASARD

Léonard, l'homme de main de la comtesse de Cagliostro, tient Raoul d'Andrésy sous la menace de son revolver.

— Parle, et tout de suite, Raoul ! lance la Cagliostro en frappant du pied.

— Comme tu es pressée ! Comment veux-tu que je déchiffre en cinq sec un problème que l'on s'évertue vainement à résoudre depuis des années ? Et puis, si je réponds à cette question au hasard, **quelle est la probabilité pour que je trouve la bonne réponse parmi les options suivantes ?**

a) 1/4
b) 1/2
c) 1
d) 1/4

Solution p. 334

QUI ?

Hippolyte Fauville est retrouvé assassiné un matin sur le divan de son cabinet de travail.

Don Luis Perenna, alias Lupin, surprend ce que dit le préfet de police à propos de Mme Fauville, l'épouse de la victime :

« Pauvre femme ! Quand elle a compris, elle est tombée raide par terre, évanouie ! confie-t-il. Elle dormait à poings fermés et nous a confié tout ce qu'elle savait : la cuisinière préparait le petit déjeuner, la femme de chambre faisait le ménage et le maître d'hôtel était allé chercher le courrier. »

Mme Fauville entre dans le salon. Son visage reste gracieux et charmant, malgré les pleurs qui ont rougi ses paupières.

— Asseyez-vous, madame, lui dit le préfet avec une déférence extrême, et pardonnez-moi de vous imposer la fatigue d'une nouvelle émotion. Mais le temps est précieux et nous devons tout faire pour trouver les coupables.

Lupin se prépare alors à intervenir, car il a tout de suite compris qui était le coupable.

Et vous ?

Solution p. 334

CE N'EST POURTANT PAS DIFFICILE

Au grenier, Catherine Montessieux montre à l'inspecteur Béchoux et à Raoul d'Avenac de vieux pots de grès, fendus, cassés, revêtus de poussière et de toiles d'araignée.

C'est là que son grand-père a caché de la poudre d'or.

Stupéfait, Béchoux s'écrie :

— Alors, quoi... Vraiment, il fabriquait de l'or ? Est-ce possible ?

— Monte sur cet escabeau branlant, ordonne Raoul, et descend le quatrième pot. Bien, il y a, en dessous, fiché dans la poudre, un petit carton, n'est-ce pas ? Eh bien, tu liras sur ce carton, de l'écriture de M. Montessieux, une date : 13 septembre. C'est évidemment la date où de la poudre d'or a été versée dans ce pot. Deux semaines plus tard, M. Montessieux quittait le domaine de la Barre-y-va. Le soir de son arrivée à Paris, il mourait subitement. Retiens bien ce mois : septembre. Il commence par la lettre « S » et pourtant, M. Montessieux l'écrit avec un « P ». Pourquoi ?

Quelle explication Béchoux va-t-il trouver ?

Solution p. 334

LE RECTANGLE QUI MÈNE À L'AIGUILLE

« Donc, l'Aiguille d'Étretat est creuse, c'est là un fait indiscutable, se dit Beautrelet. Reste à savoir comment l'on peut y accéder... »

À partir de la grotte des Demoiselles, il faut trouver l'entrée du souterrain, qui doit passer sous le fort de Fréfossé, descendre à pic les cent mètres de la falaise et, par un tunnel pratiqué sous les rocs de la mer, aboutir à l'Aiguille Creuse.

Des divers signes qu'il doit interpréter, Isidore en remarque un qui, de toute évidence, indique à ceux qui se trouvent dans la grotte le moyen de pénétrer sous le fort : un rectangle, donc la forme l'intrigue.

Comment ce rectangle avec ses deux extrémités en saillie peut-il être coupé en deux pour former un rectangle complet ?

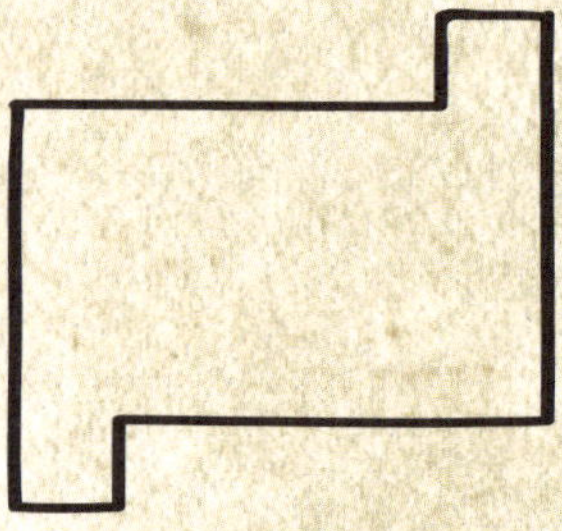

Solution p. 335

LES ORANGERS DE SAREK

Dans l'île maudite de Sarek, abandonnée de tous ses habitants, Véronique d'Hergemont découvre les sœurs Archignat.

— On nous appelle les sorcières, déclare Gertrude à Véronique... On nous demande conseil sur tout ce qui est remède, sur les pierres qui portent bonheur, sur les herbes de la Saint-Jean...

— L'armoise, la verveine, ricane son autre sœur... On la cueille au coucher du soleil...

— Vous voyez, là-bas... par-dessus la dernière lande ?

Celle-ci est morne et rugueuse, hérissée de pierres couchées comme des tombes et qui, toutes, s'alignent dans le même sens.

— C'est le cimetière, chuchote Gertrude. Et savez-vous pourquoi on voit dans le cimetière de l'île aux trente cercueils plus d'orangers que dans aucun jardin au monde ?

Véronique pourra-t-elle répondre à la question ?

Solution p. 335

LES BONNES ŒUVRES DU COLONEL

Le colonel Sparmiento est un gentilhomme brésilien qui s'est installé à Paris, dans un hôtel particulier rue de la Faisanderie.

Homme généreux, il achète 5 francs de la nourriture en conserve et des sacs de farine qu'il revend 1 franc à des œuvres de charité. Il est devenu millionnaire.

Comment est-ce possible

Solution p. 336

L'ESCALIER DU JARDIN

À Paris, c'est un admirable vieux jardin qui faisait partie du vaste domaine où, à la fin du XVIIIe siècle, on venait prendre les eaux de Passy.

De la rue Raynouard jusqu'au quai, il descend par quatre terrasses superposées vers des pelouses harmonieuses que soulignent des massifs d'arbustes verts et que dominent des groupes de grands arbres. Vingt escaliers les font communiquer entre elles et vingt sentiers montent de l'une à l'autre, creusés parmi les murs de soutènement et engloutis parfois sous les vagues de lierre qui déferlent du haut en bas.

Arsène Lupin s'est engagé dans l'un des escaliers, mais celui-ci ne semble mener nulle part ! Qu'il le descende indéfiniment, il ne se retrouve jamais plus bas, qu'il le remonte dans l'autre sens et il grimpe aussi indéfiniment sans jamais parvenir plus haut.

Comment est-ce possible ?

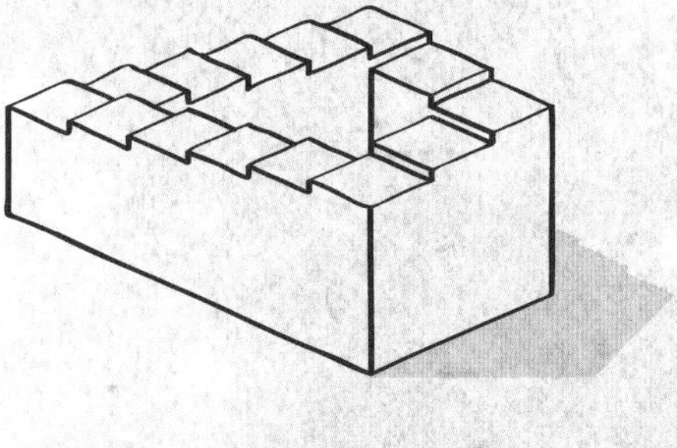

Solution p. 336

LA DAME À LA HACHE

« **La femme que l'on appelle "la Dame à la Hache" est une folle. »**

Le prince Rénine est formel. Les six femmes victimes de celle que l'on a baptisée « la Dame à la Hache », aux prénoms extrêmement rares et un peu démodés, ont été tuées parce que leur prénom commence par un « H » et qu'il est formé de huit lettres.

En revanche, il demeure une énigme que Rénine alias Lupin ne parvient pas à résoudre... À chaque prénom de la liste des victimes correspond un nombre.

Quel nombre doit figurer en face du dernier prénom ?

HORTENSE 35
HERMINIE 44
HONORINE 44
HERBETTE 35
HILAIRIE 53
HERMANCE ??

Solution p. 336

UNE ANNÉE TRÈS SPÉCIALE

En cette année-là, 1892, Arsène Lupin n'avait pas alors cette célébrité que lui ont value l'affaire Cahorn, son évasion de la Santé, et tant d'autres exploits retentissants.

Il ne s'appelait même pas Arsène Lupin. Ce nom auquel l'avenir réservait un tel lustre fut spécialement imaginé dans l'affaire du coffre-fort de Mme Imbert, et l'on peut dire que c'est dans cette affaire qu'il reçut le baptême du feu.

En cette année-là, 1892, Arsène Lupin n'était qu'apprenti dans une profession où il devait bientôt passer maître.

Cette année-là, 1892, est également l'une des plus courtes jamais recensées.

Comment cela est-il possible ?

Solution p. 336

DES FAUVES AFFAMÉS

Un rugissement de bête fauve ample et rauque se fait entendre, roule dans l'espace, puis s'éteint.

Victoire, la vieille nourrice de Lupin, se signe :

— C'est la tigresse ! On m'a raconté qu'une tigresse s'est échappée il y a quelques jours d'une ménagerie ambulante, en compagnie d'un léopard et d'un ours, et ils se sont réfugiés dans la forêt du château des Corneilles !

Horace Velmont se penche par la fenêtre ouverte et tend l'oreille.

— La tigresse va mettre quatre heures à dévorer un mouton. Le léopard cinq heures et l'ours, lui, va mettre six heures.

Si on leur jette un seul mouton en pâture, en combien d'heures vont-ils le dévorer ? La bonne Victoire sera-t-elle capable de trouver la réponse ?

Solution p. 337

UNE DÉMONSTRATION DE PERENNA

Le brigadier Mazeroux et Don Luis Perenna sont venus protéger l'ingénieur Hippolyte Fauville, qui a reçu des menaces de mort. Celui-ci les reçoit dans son cabinet.

La table est encombrée de brochures, de livres et de papiers, et un large divan s'étale contre le mur. Dans deux vitrines, des réductions en ivoire et en acier d'appareils construits ou inventés par l'ingénieur. Silvestre, le domestique, apporte une carafe, un verre, une assiette de gâteaux secs et un compotier de fruits, raisins, noix, pommes et poires. M. Fauville croque les gâteaux, puis coupe une pomme d'api. Celle-ci n'est pas mûre. Il en prend deux autres et, ne les jugeant pas à point, les remet également. Puis il pèle une poire et la mange.

— Laissez le compotier, dit-il à Silvestre. Si j'ai faim cette nuit...

Don Luis Perenna, alias Lupin, assure à M. Fauville, terrifié, que le brigadier et lui veilleront toute la nuit à son chevet. De plus, pour le distraire, Perenna assure qu'il va lui montrer quelque chose que ni l'un ni l'autre n'a jamais vu auparavant et que plus personne ne reverra une fois qu'ils l'auront vue tous les deux.

Comment va-t-il faire ?

Solution p. 337

DES CROIX GRECQUES

À la recherche d'un indice qui va lui révéler le chemin de l'Aiguille creuse, Isidore Beautrelet découvre un vieux mur de briques, vestige de l'ancien fort de Fréfossé ou de l'ancien oppidum romain construit à cet endroit.

Il court vers ce pan de mur, long peut-être de dix mètres et dont la surface est tapissée d'herbes et de plantes. Il écarte des feuilles de molène ayant poussé entre les interstices.

Un cri lui échappe. Son œil vient de se poser sur le centre d'une petite croix grecque sculptée en relief sur une brique. Il lui faut toute sa volonté pour dominer l'émotion qui l'envahit. Car pour progresser dans sa recherche, il sait qu'il doit répondre à la question suivante :

Comment diviser cette croix en quatre parties identiques qui formeront un carré au centre duquel sera dessinée une autre croix grecque plus petite ?

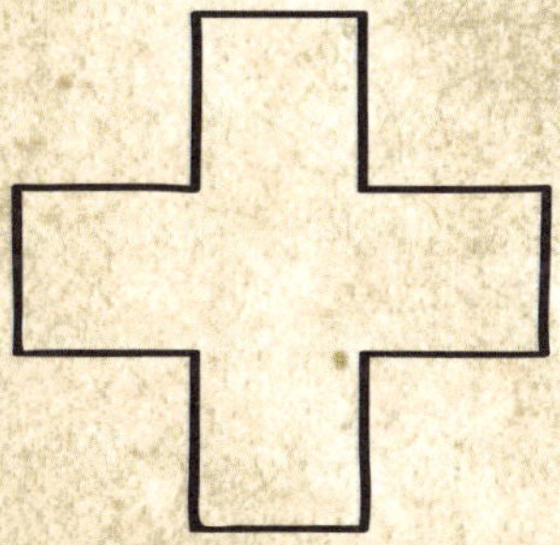

Solution p. 337

AU FOND DU PUITS

Le substitut du procureur en est sûr et certain : Jérôme Vignal a tué Mathieu de Gorne en le jetant dans le puits, puis il a regagné la maison.

Pour preuve, ces empreintes dans la neige, qui s'éloignent du puits... Une seule paire d'empreintes ! Et Mathieu de Gorne a disparu. Il ne peut donc que se trouver au fond du puits.

Mais le prince Rénine, alias Lupin, va prouver qu'en réalité, il s'agit d'une mise en scène destinée à faire accuser Jérôme Vignal.

Comment ?

Solution p. 338

UN PROBLÈME D'IDENTITÉ

Le chevalier Floriani vient de révéler au comte de Dreux-Soubise qui avait volé le « Collier de la Reine ».

Le comte s'exclame :

— Un enfant ! Mais qui ?

— C'est l'enfant de mon père et de ma mère, mais ce n'est ni mon frère ni ma sœur.

— Qui donc alors ? demande le comte, éberlué.

Solution p. 338

UN BAR LOUCHE

Le Bar des Écrevisses, à Montmartre, est fréquenté par un monde assez louche : ratés de la peinture ou du journalisme, employés sans travail et qui n'en veulent pas, filles fardées avec chapeaux à plumes et corsages voyants.

Au fond, derrière un comptoir en zinc, trône la femme du patron, ornée de verroteries. Dans l'arrière-salle, derrière une porte cloutée, quatre ou cinq couples tournent au grincement d'un violon sur lequel s'escrime un vieil aveugle.

Deux apaches, Marcel et le Grand Paul, se sont retrouvés là pour élaborer un plan pour s'emparer des milliards d'Arsène Lupin, leur ennemi commun. Ils se font servir deux Picon Bière « on the rocks ». Marcel, la casquette en arrière, sirote son verre, tandis que le Grand Paul, chemise sans col et foulard autour du cou, vide le sien d'un trait.

Marcel s'effondre brusquement.

— Il a été empoisonné ! s'écrie le Grand Paul.

Livide, la sueur au front, il contemple le fond de son verre, et comprend brusquement pourquoi lui est toujours en vie.

Comment a-t-il survécu ?

Solution p. 338

L'ENTRÉE DU CASINO BLEU

C'est un événement mondain que l'ouverture du Casino Bleu, construit à l'emplacement d'un célèbre café-concert.

Deux mille cartes d'invitation portant un mot de passe ont été envoyées, toutes à destination de gens du monde connus, d'artistes et de demi-mondaines bien cotées. Devant le vestibule à colonnes tout encombré d'affiches, la foule est canalisée par les contrôleurs.

Raoul, alias Lupin, n'a pas de carte d'invitation et ne connaît donc pas le mot de passe. Il se poste près d'un contrôleur, et tend l'oreille.

Une femme se présente, à qui le contrôleur dit : « 5 ». Elle lui répond : « 4 » et il la laisse entrer.

Le contrôleur dit ensuite « 6 » à un homme en habit, qui lui répond : « 3 » et entre.

Un couple s'avance, le contrôleur leur dit « 4 » et la femme répond : « 6 » avant de pénétrer au casino.

Raoul s'immisce alors dans la queue et, arrivé devant le contrôleur, celui-ci lui dit : « 7 ».

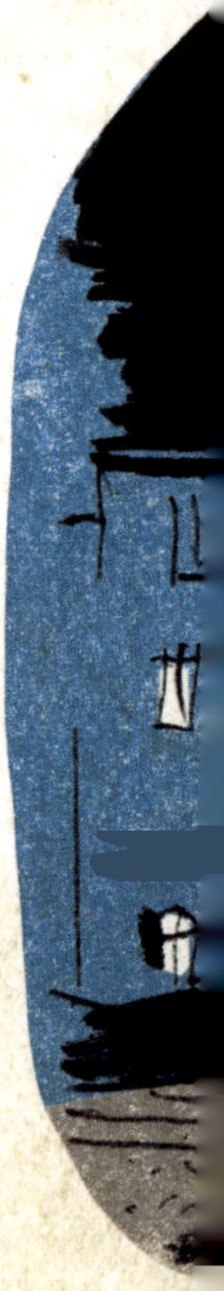

Que va répondre Lupin pour pouvoir entrer au Casino Bleu ?

Solution p. 339

Casino
Casino

LE SECRET DE LA PIERRE-DIEU

Sur l'île de Sarek, la terrible île aux trente cercueils, Alexis Vorski, à la recherche de la Pierre-Dieu qui donne mort ou vie, découvre successivement trois cryptes.

— Trois tombes de grands chefs, affirme-t-il. Il est évident qu'elles précèdent la tombe d'un roi. Sans doute est-ce la prochaine crypte.

Il pénètre dans la quatrième salle, beaucoup plus grande. Par un trou circulaire tombe une colonne de lumière à demi voilée qui forme un disque très net sur le sol.

Et, au centre de ce disque, une rondelle de métal.

— Est-ce la Pierre-Dieu ? murmure Vorski, qui avance la main.

Le métal se dilatant à la chaleur, si Vorski porte au rouge cette rondelle de fer, le trou intérieur va-t-il s'agrandir, réduire ou bien demeurer identique ?

Solution p. 339

LA TOUR DU DÉPUTÉ

Le député Daubrecq s'est installé dans son cabinet de travail, surveillé par Lupin, qui s'est dissimulé derrière un rideau de velours. Allongeant le bras, le député inscrit des signes sur un cahier de papier blanc qui se trouve à l'extrémité de son bureau et qu'il dresse ensuite, comme pour ne pas le perdre de vue.

Ce sont des chiffres. Lupin peut lire la tour de nombres suivante :

1
11
21
1211
111221
312211
13112221

Quel est le nombre qui suit ?

Solution p. 339

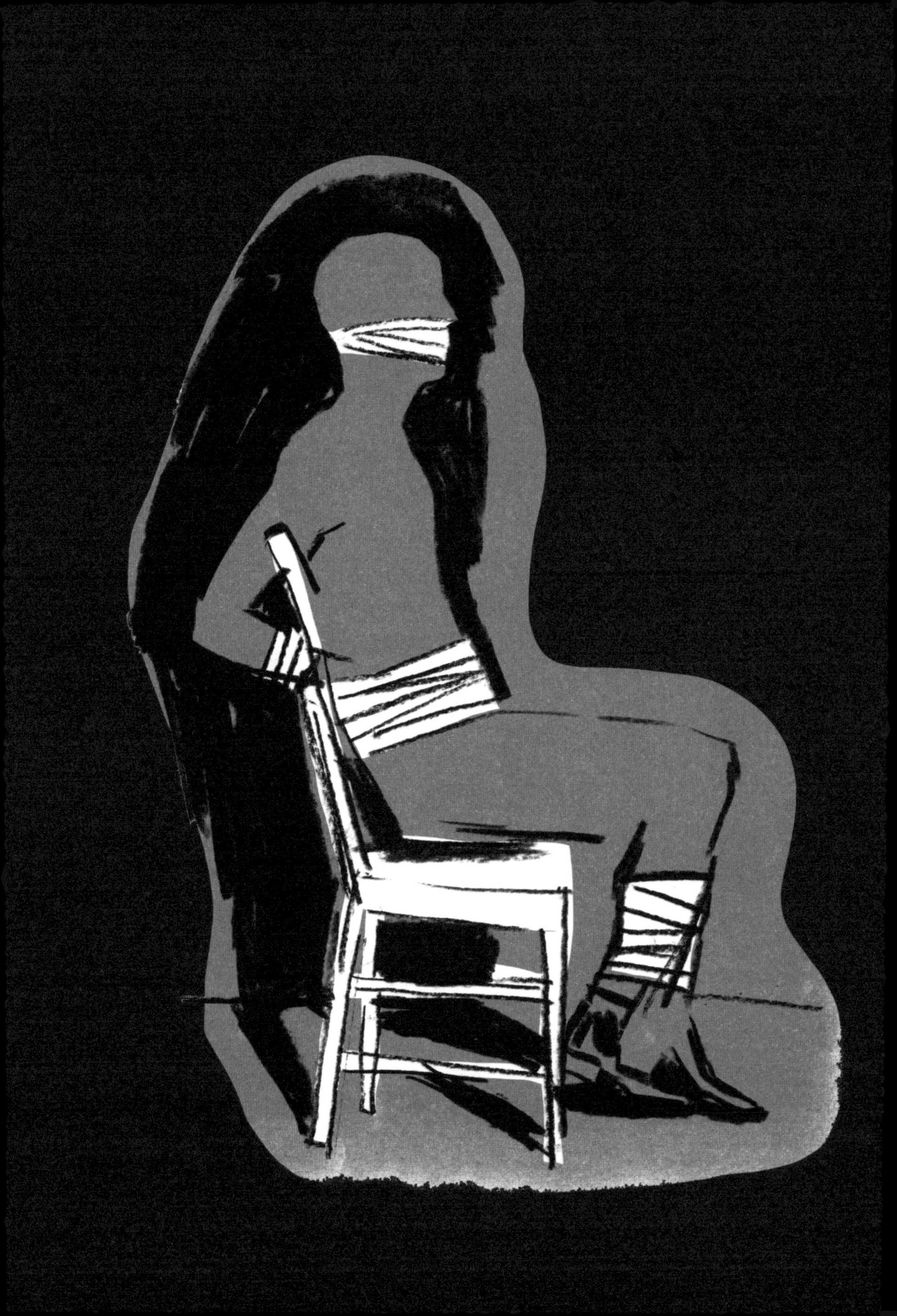

LUPIN PRISONNIER

« Le Lupin des Lupin ! Le maître des maîtres ! Le voilà pris au piège ! Le voilà pieds et poings liés, pas plus dangereux qu'une mauviette ! »

La veuve Dugrival exulte et, tremblant de joie, se met à marcher à travers la chambre avec des allures de bête fauve qui ne lâche pas de l'œil sa victime. Elle a réussi à mettre la main sur Arsène Lupin, et le détient prisonnier.

Celui-ci reprend connaissance, et s'aperçoit qu'il se trouve dans une pièce munie de rideaux épais, ficelé par le buste et les bras à une chaise à haut dossier. La chambre est carrée et dans chaque coin de la pièce, il y a une chaise. Devant chaque chaise, il y a trois chaises.

Combien y a-t-il de chaises en tout ?

Solution p. 340

LUPIN DÉMASQUÉ

Le sous-chef de la Sûreté, M. Weber, a reçu une lettre qu'il communique au président du Conseil :

« Vous êtes averti que le prince Paul Sernine, qui se dit l'ami de Mme Kesselbach, n'est autre qu'Arsène Lupin. »

Comment celui qui signe L. M. peut-il en être aussi sûr ?

Solution p. 340

HORACE VELMONT

> « **Un homme s'avançait vers elle, en habit, son macfarlane et son claque sous le bras, et cet homme jeune, de taille mince, élégant, elle l'avait reconnu, c'était Horace Velmont.** »
>
> *Les Confidences d'Arsène Lupin*, publié en 1913.

Portrait

Membre du Cercle de la rue Royale, Horace Velmont est l'unique descendant d'une ancienne famille de navigateurs français, émigrés au Transvaal, qui s'y est enrichie par les plus honnêtes procédés.
Mais, à ses moments perdus, il est également un peintre connu dont les belles marines sont fort appréciées.
Tour à tour amusant et grave, éloquent et spirituel, pas étonnant qu'on lui fasse remarquer à quel point il ressemble de façon étrange à Arsène Lupin !

D'UNE CLARTÉ AVEUGLANTE

« **Le secret du souterrain est perdu, annonce le banquier Devanne à ses convives en allumant un cigare et en se versant un verre de bénédictine.**

Mais deux rois de France ont eu le mot de l'énigme.

— Deux rois de France !

— Henri IV et Louis XVI.

— Ce ne sont pas les premiers venus. Et Henri IV a confié à son ministre Sully le message suivant à déchiffrer :

A B D C D

Un silence tombe et Horace Velmont ricane :

— Voilà qui est d'une clarté aveuglante !

— Riez à votre guise, monsieur, il n'empêche que ce message contient la solution, proteste l'abbé Gélis. Un jour ou l'autre, quelqu'un saura l'interpréter.

— Herlock Sholmès d'abord, dit Devanne… À moins qu'Arsène Lupin ne le devance. Qu'en pensez-vous, Velmont ?

— Pfft ! Il suffit de trouver la tombe de l'abbé. »

Tous les convives le regardent, interloqués.

Pourquoi ?

Solution p. 340

BRIC-À-BRAC

Un marchand de bric-à-brac achète 100 francs un vieux secrétaire en acajou à M. Gerbois, professeur de mathématiques au lycée de Versailles, et le revend deux heures plus tard 120 francs à un jeune homme de tournure élégante dont il ignore le nom.

Un mois plus tard, une dame blonde dans une automobile se présente chez le marchand, et lui revend le même secrétaire pour 140 francs.

Encore une semaine plus tard, un inconnu entre dans la boutique, et donne 160 francs au brocanteur pour le secrétaire en acajou.

Quel bénéfice le marchand a-t-il réalisé grâce à ce secrétaire ?

Solution p. 341

UNE ÉVASION FRUCTUEUSE

Arsène Lupin vient de s'évader du panier à salade qui le ramenait à la Santé, et remonte le boulevard Saint-Germain.

Le temps est doux, un temps heureux et léger d'automne. Les cafés sont pleins. Lupin s'assied à une terrasse.

Il commande un bock et un paquet de cigarettes. Il vide son verre à petites gorgées, fume tranquillement une cigarette. Puis il se lève et le garçon vient lui réclamer 15 francs.

— Je n'ai qu'un billet de 20 francs, annonce-t-il à celui-ci.

Mais le garçon n'a pas de monnaie. Il se rend donc à la boutique voisine, chez le boucher, qui lui échange le billet de 20 francs contre un billet de 10 francs et deux de 5 francs. Le garçon revient ainsi rendre les 5 francs à Lupin, qui le remercie.

Mais, quelques heures plus tard, le boucher vient annoncer au garçon de café que le billet de 20 francs est faux. « Signé : Lupin, détenu à la Santé, actuellement en état d'évasion. »

Le garçon de café est alors obligé de lui redonner un billet de 20 francs.

Combien a-t-il perdu dans l'histoire ?

Solution p. 341

L'ÉNIGME DU 19

Isidore Beautrelet tourne et retourne dans tous les sens le morceau de papier froissé, déchiqueté, jauni, que le brigadier de gendarmerie a trouvé par terre.

Celui-ci est couvert de points et de signes. Isidore identifie à la quatrième ligne le chiffre 19.

Le jeune homme consacrera peut-être dix ans de sa vie à cette enquête, mais il la mènera jusqu'au bout, et trouvera le secret de l'Aiguille. « Ce que Lupin a trouvé, il n'y a aucune raison pour que je ne le trouve pas », ne cesse-t-il de dire en lui-même.

— Je brûle !... Je brûle ! murmure-t-il.

Comment, en soustrayant 1 de 19, peut-on obtenir 20 ?

Solution p. 341

L'ÉCHELLE DE LA BELLE-HÉLÈNE

« Bonjour, Ganimard, lance Lupin à l'inspecteur qu'il a réussi à attirer au dernier étage d'un vieil immeuble.

J'avais besoin de te parler... un besoin urgent. Tu as l'air ahuri. Qu'y a-t-il ? Tu ne me reconnais pas, peut-être ? Lupin... Arsène Lupin... Fouille bien dans ta mémoire... Ce nom-là ne te rappelle pas quelque chose ?

— Animal, grince Ganimard entre ses dents.

— Tu es fâché ? Et moi qui croyais te faire plaisir !

Ganimard paraît sortir de sa stupeur. Il empoigne une chaise et s'installe.

— Parle, dit-il... Et pas de balivernes. Je suis pressé.

— D'accord. Qu'il te suffise de savoir que cette nuit, vers une heure du matin, une péniche, la Belle-Hélène, était amarrée sous la dernière arche du Pont-Neuf, côté rive gauche. Une échelle de coupée tombait sur le flanc du bateau ancré. À marée basse, il y avait quinze échelons hors de l'eau.

Sachant que la marée montait de 30 cm par heure, et que les échelons étaient distants entre eux de 10 cm, combien y avait-il d'échelons hors de l'eau après trois heures de marée montante ?

Solution p. 342

UNE QUESTION SANS RÉPONSE

À dix-neuf ans, sous le nom de Rostat, Arsène Lupin étudie la magie et l'illusionnisme avec le prestidigitateur Dickson.

Un jour, celui-ci se vante de pouvoir répondre avec exactitude à n'importe quelle question concernant les événements futurs. Mais Lupin, perspicace, trouve une question simple sur un événement futur… à laquelle Dickson ne peut apporter aucune réponse.

Lupin le quitte alors, considérant que l'élève a dépassé le maître.

Mais quelle était sa question ?

Solution p. 342

UNE BOÎTE RÉCALCITRANTE

Installé sur le pont du steamer qui fait le service entre Calais et Douvres, Herlock Sholmès tire sa pipe de son macfarlane, la bourre et frotte successivement quatre allumettes sans réussir à les enflammer.

Comme il n'en a pas d'autres, il se lève et dit à un monsieur qui se trouve assis à quelques pas, devant une petite table :

— Auriez-vous un peu de feu, s'il vous plaît ?

Le monsieur lui tend une grosse boîte d'allumettes. Herlock Sholmès en tire une, une flamme jaillit. À sa lueur, il aperçoit Arsène Lupin et, de surprise, laisse tomber la boîte, qui se renverse sur le côté.

— Allons, mon bon Sholmès, n'êtes-vous pas capable de faire tomber cette boîte d'allumettes de façon à ce qu'elle atterrisse droite sur la table, sans se renverser ? se moque Lupin.

Herlock Sholmès réfléchit.

Trouverez-vous également une solution ?

Solution p. 342

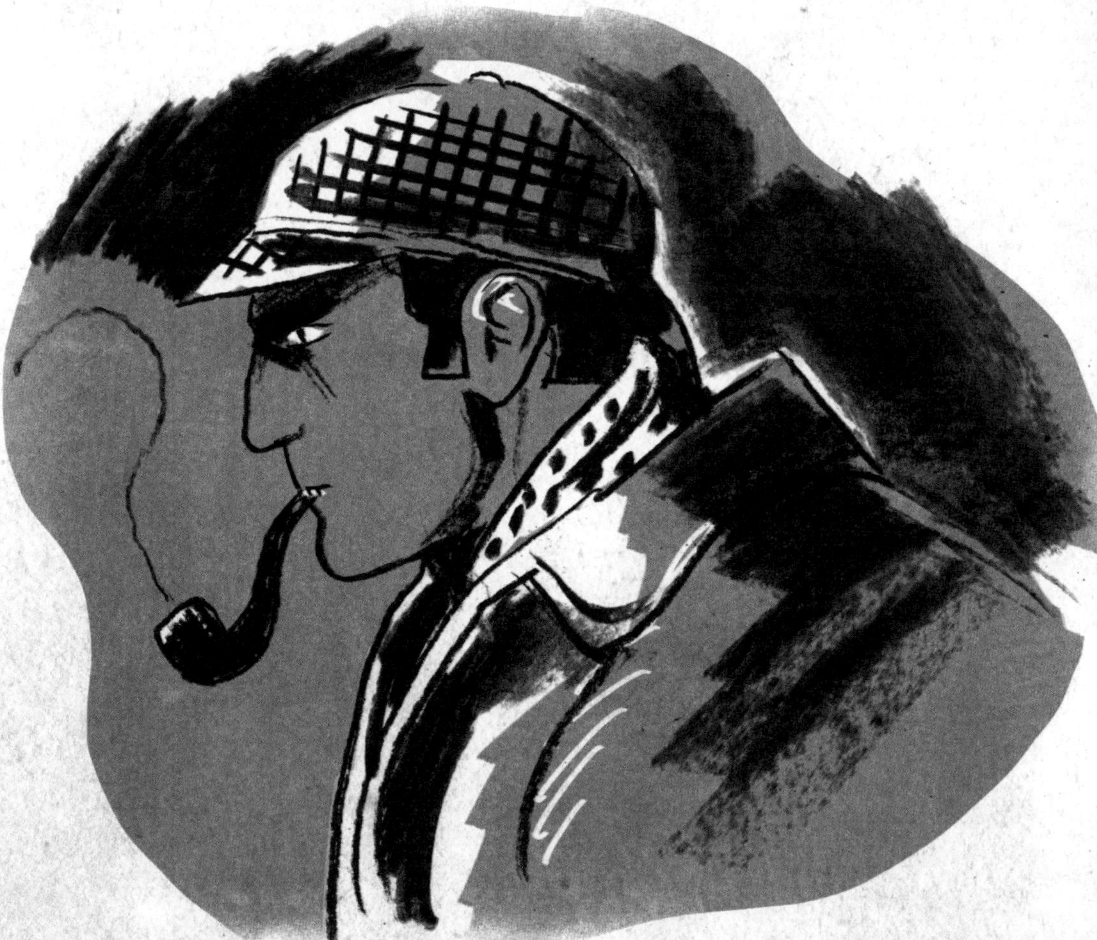

ROUTE DE LA RÉVOLTE

Arsène Lupin, vêtu d'une blouse d'ouvrier et coiffé d'une casquette, se dirige vers Neuilly, où il commence son enquête au numéro 3 de la route de la Révolte.

Une porte cochère ouvre sur une première cour, et là, c'est une véritable cité, toute une suite de passages et d'ateliers où grouille une population d'artisans, de femmes et de gamins. Une succession de boutiques, de cabaretiers, de magasins de bric-à-brac, un papetier, un brocanteur.

À midi, Lupin entre au restaurant Buffalo, dans une petite salle basse, où des maçons et des cochers viennent consommer le plat du jour.

Quelqu'un vient s'asseoir auprès de lui.

— Ah ! C'est toi, Doudeville. Tu as des renseignements ?

— Oui, patron.

— Alors ?

Quel est dans cette rue l'homme qui est tel que si l'on en ôte la moitié, il restera la première personne de l'Église ?

Solution p. 342

LE SECRET DE LA DEMOISELLE AUX YEUX VERTS

Raoul de Limézy interroge Aurélie d'Asteux, silhouette fine et délicate sous un simple tailleur de lainage marron.

— Tous ces gens vous persécutent sans doute à propos de ce secret que vous possédez ? Vous est-il possible de me donner quelques indications, sur ce secret ?

Elle médite quelques instants et déclare :

— Oui, je le peux. Voici... Il faut ajouter 0 à mon premier pour obtenir mon deuxième.

Et pour trouver le secret, il vous faudra peut-être mon tout.

Solution p. 343

LE MYSTÈRE DES DEUX FRÈRES

Le chef de la Sûreté a demandé à Georges Andermatt, gros banquier de Paris, de venir reconnaître le corps d'un homme qui vient de se suicider.

Le visage du banquier se contracte d'émotion et il prononce à voix basse :

— Étienne Varin.

— Vous le connaissiez ?

— Non... Ou du moins oui... Mais de vue seulement. Son frère...

— Il a un frère ?

— Oui, Alfred Varin.

M. Dudouis, le chef de la Sûreté, est perplexe. Les registres de l'État-civil indiquent qu'Étienne Varin avait bien un frère, Alfred Varin, qui est mort. Néanmoins, d'autres registres mentionnent qu'Alfred Varin n'avait pas de frère...

Or, les deux registres sont parfaitement fiables.

Comment cela se peut-il ?

Solution p. 343

LUPIN DICTE SES MÉMOIRES

L'inspecteur Béchoux sonne à la porte de l'appartement de Mlle Legoffier, sténo-dactylographe.

— Entrez ! crie Barnett, alias Lupin, de l'intérieur. La clé est sur la porte.

Béchoux entre. Assise près de sa machine à écrire, Mlle Legoffier sténographie sur des feuilles volantes les paroles de Barnett.

— Tu viens pour une perquisition ? dit celui-ci. Ne te gêne pas. Mademoiselle n'a rien à cacher. Et moi non plus. Je dicte mes mémoires. Tu permets ?

Tandis que Béchoux regarde sous les meubles, il continue :

— Au fait, inspecteur, sais-tu quel mot de trois lettres tout le monde prononce mal ?

Solution p. 343

LE MAÎTRE D'HÔTEL DÉMASQUÉ

Arsène Lupin et son comparse Doudeville dînent chez Caillard, le restaurant à la mode.

— Garçon ! appelle Lupin.

Le maître d'hôtel s'approche.

— Monsieur désire ?

Vivement, Lupin lui saisit le poignet.

— Pas un mot... Je te connais... Tu t'appelles de ton vrai nom Dominique Lecas...

L'homme, gros et fort, tente de se dégager. Il étouffe un cri de douleur. Lupin lui a tordu le poignet.

— Tu t'appelles Dominique... Tu habites rue de la Pompe au quatrième étage, où tu t'es retiré avec une petite fortune. Écoute donc, imbécile, ou je te casse les os !

L'autre s'immobilise, le visage blême de peur.

Lupin place alors dans la main gauche du maître d'hôtel ce que celui-ci ne peut absolument pas saisir dans sa main droite.

Comment fait-il ?

Solution p. 343

LES PIERRERIES DE L'ACTRICE

La jeune actrice Brigitte Rousselin repose sur son lit après avoir échappé à une tentative d'assassinat.

Raoul l'interroge doucement :

— Vous avez été victime d'une sorte de fou que la police surveillait et que l'on va interner. Donc, plus le moindre péril. Mais je voudrais éclaircir un point.

— Interrogez.

— Vous possédez plusieurs bijoux, rubis, émeraudes, diamants. Combien au total ?

— Eh bien, sachant que tous sauf deux sont rouges, tous sauf deux sont verts et tous sauf deux sont blancs, il ne doit pas vous être difficile de le déduire...

Arsène Lupin va-t-il trouver la réponse ?

Solution p. 344

UNE COURSE À LA MORT

Lupin a pris le volant et conduit à une allure vertigineuse.

— Patron, balbutie Octave, nous allons y rester.

— Toi, peut-être, l'auto, peut-être, mais moi, j'y arriverai, dit Lupin, prêt à tout pour sauver Louis de Malreich des griffes de Dolorès Kesselbach.

— Attention, patron... Là-bas...

— Quoi ?

— Au carrefour... Le tramway, les voitures...

Quatre routes se rejoignent au carrefour et quatre automobiles, dont celle de Lupin, arrivent de quatre directions différentes. Impossible de déterminer qui a la priorité ! Elles avancent toutes en même temps... Octave ferme les yeux, prêt à entendre le fracas de la tôle froissée.

Pourtant, rien. Aucun accident, les quatre véhicules s'éloignent sans problème, et Lupin poursuit sa route.

Comment est-ce possible ?

Solution p. 344

LES ALLUMETTES DU COMMISSAIRE

« **T'as du feu, Rodolphe ?**

Le commissaire Marescal s'arrête, stupéfait, les yeux écarquillés, en face d'une tête d'homme inconnue, dont l'œil droit clignote, et dont la bouche déformée par une grimace d'ironie tient une cigarette.

— D'accord, répond alors le commissaire. À une condition : si tu formes un carré en déplaçant une seule allumette après que j'aurai disposé quatre allumettes de la façon suivante » :

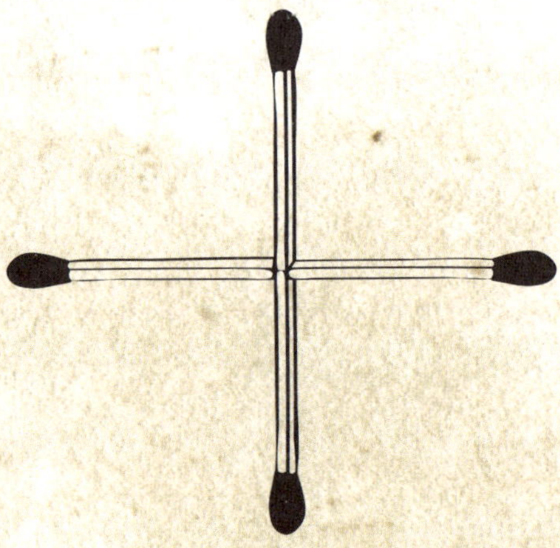

Solution p. 345

À L'HÔTEL CAMBRIDGE

L'inspecteur Victor, de la brigade mondaine, apprend que la princesse Alexandra Basileïef séjourne dans un nouvel hôtel des Champs-Élysées, le Cambridge.

Il s'agit d'une sorte d'immense caravansérail dont la construction vient d'être achevée, et où la foule afflue l'après-midi et le soir. En plus de la salle de danse et du restaurant, l'hôtel abrite cent chambres.

Victor surveille la princesse, qui sort fort peu de sa suite, et ne descend que pour prendre le thé. Il parvient néanmoins à distinguer que le numéro de sa chambre comporte un 9.

Combien de chambres va-t-il devoir passer en revue pour découvrir celle de la princesse ?

Solution p. 345

LA TRAVERSÉE DU PONT

Le parc du domaine de la Barre-y-va, qui s'étend sur cinq hectares, est traversé par la rivière de l'Aurelle.

Un petit jardin de curé, le manoir, de belles pelouses à l'anglaise, un pavillon de chasse abandonné… Au centre de la rivière, une île où achève de tomber en ruine un ancien pigeonnier en forme de tour. L'île est reliée à la rive par un pont dont presque tous les madriers sont pourris, au point qu'il est dangereux de le franchir.

Pourtant, Raoul d'Avenac doit impérativement traverser ce pont avec ses trois compagnons en 17 minutes. Chacun d'entre eux marche à une vitesse donnée. Raoul peut traverser le pont en 1 minute, et un deuxième comparse, qu'il baptise n° 2, le traverse en 2 minutes.

Il baptise n° 5 celui qui traverse en 5 minutes et n° 10 celui qui traverse en 10 minutes.

Ils n'ont qu'une torche à eux quatre, et il est impossible de traverser sans torche. Le pont ne peut supporter que le poids de deux personnes.

Dans quel ordre doivent-ils traverser ?

Solution p. 346

LA CONDAMNATION D'ARSÈNE LUPIN

Depuis des mois, M. Jules Bouvier, le juge d'instruction, s'évertue en vain à faire parler Arsène Lupin.

Et puis un jour, celui-ci le reconnaît : « Mais oui, M. le juge, nous sommes d'accord : le vol du Crédit Lyonnais, le vol de la rue de Babylone, l'émission des faux billets de banque, l'affaire des polices d'assurance, le cambriolage des châteaux d'Armesnil, de Gouret, d'Imblevain, des Groseilliers, du Malaquis, tout cela, c'est de votre serviteur. »

Avant de le condamner et de prononcer sa peine, le juge lui offre une chance d'améliorer sa situation. Il a droit à une affirmation.

Si son affirmation est vraie, il sera condamné à quatre ans de prison. Si son affirmation est fausse, il sera condamné à six ans de prison.

Mais une fois que Lupin a énoncé son affirmation, le juge a été obligé de le remettre en liberté !

Qu'a-t-il donc dit ?

Solution p. 346

Arsène Lupin

LE NUMÉRO DE LA PLACE

Don Luis Perenna fait le tour de son hôtel particulier, une confortable et spacieuse construction du XVIIIe siècle, située à l'entrée du faubourg Saint-Germain, sur la petite place du Palais-Bourbon, et qu'il a achetée toute meublée à un riche Roumain, le comte Malonesco, gardant pour son usage et son service les chevaux, les voitures, les automobiles, les huit domestiques et même la secrétaire du comte, Mlle Levasseur.

Après avoir inspecté les écuries et le garage, il remonte à l'étage dans son cabinet de travail. De là, il jette un coup d'œil dans la grande cour d'honneur, et remarque qu'il n'y a qu'une auto garée là.

Peut-il déterminer le numéro de la place sur laquelle celle-ci est installée ?

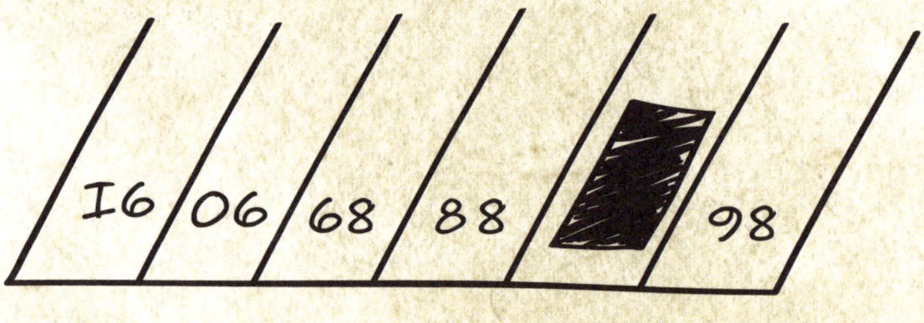

Solution p. 347

DON LUIS PERENNA

« "Don Luis Perenna, n'est-ce pas ?" dit le préfet en tendant la main à un homme de taille moyenne, plutôt mince, décoré de la médaille militaire et de la Légion d'honneur, et que sa physionomie, que son regard, que sa façon de se tenir et son allure très jeune, permettaient de considérer comme un homme de quarante ans, bien que certaines rides au coin des yeux et sur le front indiquassent quelques années de plus. »

Les Dents du tigre,
publié en 1923.

Portrait

Sujet portugais d'origine française, puis sujet péruvien natif d'Espagne, Don Luis Perenna – l'anagramme d'Arsène Lupin – est tour à tour agent secret en novembre 1914, participant aux négociations avec la Turquie en 1915, puis chef des Berbères, à la tête du royaume de Mauritanie, qu'il offre à la France.
Amateur d'horticulture, il retrouve également 300 millions d'or volé… Et, non content d'avoir contribué à sauver la France, il résout le mystère de l'île aux trente cercueils depuis son sous-marin, baptisé Le Bouchon de cristal.

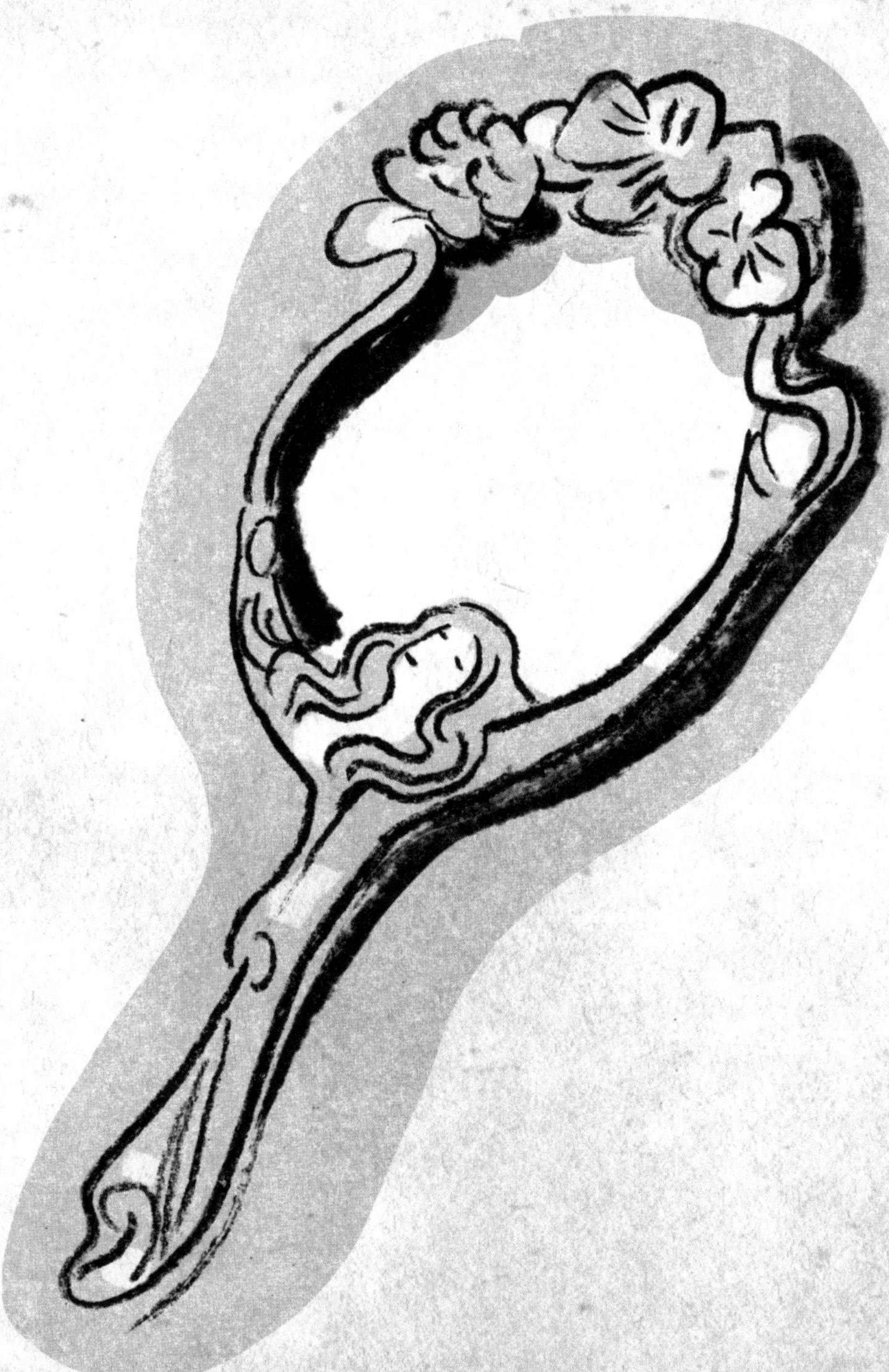

SUR LE MIROIR DE LA COMTESSE

Arsène Lupin saura-t-il déchiffrer cette énigme inscrite au dos du miroir de la comtesse de Cagliostro ?

« Qu'est-ce qui survient une fois en une minute, deux fois en un moment, mais pas une seule fois dans toute l'année ? »

Solution p. 347

LE DÉFI À L'ILLUSIONNISTE

« **Mon cher ami, saviez-vous que j'ai travaillé six mois avec l'illusionniste Pickman ?**

— Celui-là même qui prétendait lire dans les pensées ?

— Oui, le célèbre hypnotiseur… que Lupin a défait à son propre jeu !

— Comment cela ? s'étonne Maurice Leblanc.

— Eh bien, l'un de ses tours consistait à demeurer sous l'eau pendant dix minutes. Je lui ai affirmé que moi, je pouvais rester sous l'eau pendant vingt minutes. Pickman a éclaté de rire en me défiant et a parié 1 000 francs que je n'y parviendrais pas.

— Et alors ?

— J'ai gagné mon pari et les 1 000 francs ! »

Comment Lupin a-t-il fait ?

Solution p. 347

AU FOND DU VERRE

Le dessin ci-dessous représente un verre en cristal, au fond duquel Arsène Lupin a placé un diamant.

Comment faire sortir le diamant et renverser le verre en ne déplaçant que deux allumettes ?

Solution p. 348

LES COLLIERS DU MARQUIS

Le rouge des rubis, le vert des émeraudes, le bleu des saphirs éclate, et des parcelles d'or étincellent sur les nombreux colliers du marquis d'Erlemont.

Celui-ci pense avoir trouvé pour son trésor la cachette parfaite : il les place dans une boîte au couvercle coulissant, qui contient un crotale dont la morsure tue instantanément.

Mais Lupin parvient néanmoins, en profitant de son absence, à s'introduire dans son appartement. Et, sans arme, sans aucun accessoire, en quelques secondes, il réussit à subtiliser les colliers.

Le marquis d'Erlemont retrouve la boîte intacte avec le serpent vivant à l'intérieur.

Comment Lupin a-t-il procédé ?

Solution p. 348

SUIVEZ LA FLÈCHE

Véronique d'Hergemont suit les instructions contenues dans la lettre de M. Dutreillis.

Un peu avant le chemin vicinal qui conduit à Locriff, elle découvre une cabane de berger qui se décompose sous l'action des intempéries. Elle s'approche et distingue le dessin de flèche.

Mais il y a une chose que M. Dutreillus n'a pas notée, c'est le point inscrit sur la flèche.

Ce point est-il situé au centre ?

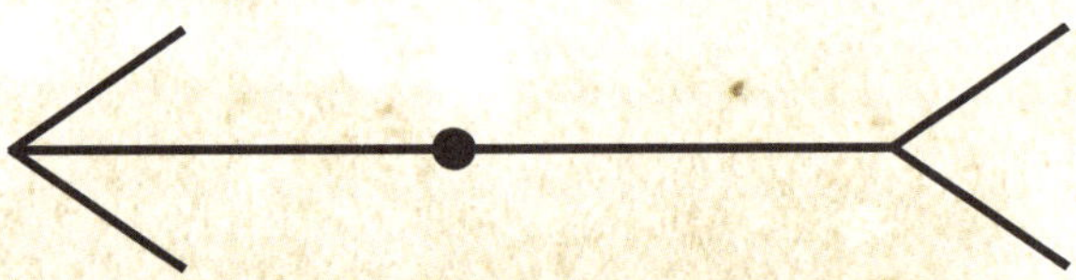

Solution p. 348

LA ROUTE DES MOINES

« **Ah ! Vous poursuivez le même but que nous, lance Beaumagnan à Lupin avec quelque moquerie.**

Et quel est ce but, s'il vous plaît ?

— La découverte des dix mille pierres précieuses cachées au creux d'une borne de granit. Nous cherchons tous les deux le trésor fabuleux des anciens monastères.

Le trésor des monastères ! Les dix mille pierres précieuses ! Beaumagnan tente de reprendre son sang-froid :

— Légendes ! dit-il, tout en essayant d'assurer sa voix et de retrouver le fil de ses idées. Contes à dormir debout ! Et c'est à cela que vous perdez votre temps ?

— Pas plus que vous, réplique Lupin. Et moi, je suis mieux renseigné que vous ! Par exemple, je sais la chose suivante, qui nous permettra de retrouver la borne de granit : à la fin du Moyen Âge, un premier groupe de moines est parti d'une première abbaye du pays de Caux, que je baptise A, en direction de B, une seconde abbaye. »

Un an plus tard, un second groupe de moines est parti de B en direction de A.

Le premier groupe allait à la vitesse de 30 km/jour et le second groupe à 45 km/jour. Les deux abbayes sont séparées par 15 000 km.

Quel groupe de moines était le plus proche de B lorsqu'ils se sont croisés ?

Solution p. 349

7
7
7
7

LES CŒURS DE LUPIN

Ce soir-là au casino, sur la table de baccara, il y a cinq cartes à jouer. Uniquement des sept de cœur.

Si Lupin en prend deux, combien en a-t-il ?

Solution p. 349

TIR AU PISTOLET

Tandis qu'Arsène Lupin et Herlock Sholmès se bagarrent au milieu d'une barque, quelqu'un, sur la rive, braque un revolver et une détonation retentit.

Lupin éclate de rire.

— Dieu me pardonne, c'est l'ami Ganimard ! Mais c'est très mal, ce que vous faites là, Ganimard. Vous n'avez le droit de tirer qu'en cas de légitime défense... Ce pauvre Arsène vous rend donc féroce au point d'oublier tous vos devoirs ? Allons, bon, le voilà qui recommence !... Raté ! Et encore raté ! Sacrebleu, le gouvernement vous donne des joujoux d'enfant comme pistolets ? Moi qui ne suis pas très doué pour le tir, je peux sans problème suspendre mon chapeau, faire cinquante mètres les yeux bandés, puis me retourner et transpercer ce chapeau d'une seule balle. Pas vous, inspecteur ?

Ganimard est bien en peine de répondre, mais vous, saurez-vous comment fait Lupin ?

Solution p. 349

ÉNIGME AU SOMMET

Arsène Lupin, né en 1874, n'avait que cinq ans de plus qu'Albert Einstein.

Au cours de leurs pérégrinations, ils se sont croisés. Einstein a conçu une énigme dont il prétend que quasiment personne n'a pu trouver la solution. Il met Lupin au défi de l'élucider...

« Cinq individus de nationalités différentes vivent le long d'une rue composée de cinq maisons de couleurs différentes. Chacun d'eux a sa boisson préférée, fume une marque de cigarettes différente, et a un animal de compagnie différent. Voici des indices :

1 L'Anglais habite une maison rouge.

2 Le Suédois a des chiens.

3 Le Danois boit du thé.

4 La maison verte est voisine de la maison blanche, sur sa gauche.

5 Le propriétaire de la maison verte boit du café.

6 La personne qui fume des Pall Mall élève des oiseaux.

7 Le propriétaire de la maison jaune fume des Dunhill.

8 L'homme qui vit dans la maison du milieu boit du lait.

9 Le Norvégien vit dans la première maison.

10 L'homme qui fume des Blend est le voisin de l'homme qui a des chats.

11 L'homme qui a des chevaux est le voisin de l'homme qui fume des Dunhill.

12 L'homme qui fume des Blue Master boit de la bière.

13 L'Allemand fume des Prince.

14 Le Norvégien vit à côté de la maison bleue.

15 Le fumeur de Blend est voisin de l'homme qui boit de l'eau.

Qui est le propriétaire du poisson ? »

Lupin parviendra-t-il à résoudre l'énigme ?

Solution p. 350

UN PROBLÈME DE LANGUE

Sur les conseils d'Arsène Lupin, qu'il a rencontré pendant sa convalescence, le caporal Paul Delroze se rend dans le village occupé de Corvigny, en 1914, pour tenter de retrouver sa jeune femme, Élisabeth d'Andeville.

À Corvigny, situé à 38 kilomètres de la frontière, 70 % des habitants parlent couramment l'allemand et 60 % des habitants parlent couramment le français.

Combien parlent les deux langues ?

Solution p. 350

LES AIGUILLES DE L'HORLOGE

Hortense Daniel tressaille.

La huitième heure doit sonner à l'horloge du château d'Halingre.

Un premier coup de timbre retentit, puis un second, puis un troisième. Hortense gémit, et compte. L'horloge sonne huit coups.

— Ah ! murmure-t-elle toute défaillante et se cachant la figure entre les mains... L'horloge...

— Vous saviez quel était notre pacte, dit alors le prince Rénine. Pourrez-vous répondre à ma question ?

Combien de fois l'aiguille des heures et celle des minutes se croisent-elles en 12 heures ?

Solution p. 350

LE CODE DU COFFRE

Au domaine de Maison-Rouge, où il s'est réfugié avec sa vieille nourrice Victoire, Lupin se fige soudain.

— Halte ! s'exclame-t-il. On a touché à mon coffre-fort ! Les boutons qui commandent le mot de passe ont été dérangés.

— Personne d'autre que toi et moi n'est entré ici, proteste Victoire. Comme ce n'est pas moi…

— Alors, c'est moi qui aurais oublié de remettre les chiffres en place. Rends-toi compte que c'est grave. Là se trouvent mes instructions, mon testament, les clefs de mes divers coffres, des indications qui permettraient de découvrir mes cachettes et de tout rafler.

— Vierge Marie ! s'exclame la nourrice en joignant les mains.

— La Vierge Marie n'a rien à faire là-dedans. Mais rassure-toi… Le code est à quatre chiffres, je vais le retrouver !

Sachant que la somme de ces quatre chiffres est 13, que le chiffre des milliers est deux fois plus grand que celui des unités et que le chiffre des centaines est trois fois plus grand que celui des dizaines…

Saurez-vous comme Lupin retrouver ce code ?

Solution p. 351

LA COURSE DU RAT

À la recherche du corselet de diamants volé au diamantaire Van Houben, le brigadier Béchoux, l'agent de la Sûreté, pâle, long, maigre, chétif, mais pourvu de deux bras énormes qu'il semble avoir dérobés à un champion de boxe, inspecte d'un coup d'œil l'intérieur de la bibliothèque de l'hôtel de Mélamare.

Il remarque une série de vieux in-quarto dans leur vieille reliure, qui lui paraissent suspects. Il s'agit d'une encyclopédie en dix volumes. Mais ceux-ci ont été évidés !

Sans doute par un rat de bibliothèque...

Chaque volume fait cinq centimètres d'épaisseur.

Si un rat de bibliothèque commence à grignoter en partant de la couverture du volume 1 et poursuit sur une ligne horizontale jusqu'au dos du volume 10, quelle distance a-t-il parcourue ?

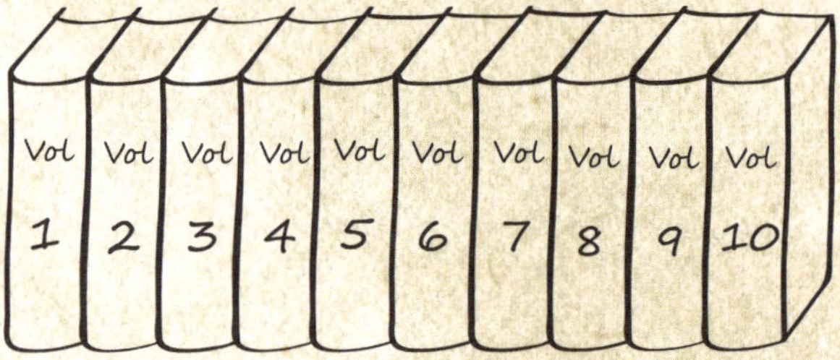

Solution p. 351

GORGERET MENACE LUPIN

Coiffé d'un chapeau melon, la figure barrée d'une moustache, l'inspecteur principal Gorgeret, gros et puissant, crie :

— Haut les mains ou je tire !

— Toujours la même formule idiote, ricane Raoul. Penses-tu que tu vas tirer sur moi ! Sur moi, Raoul !

— Sur toi, Lupin ! clame Gorgeret, triomphant.

— Tiens, tu sais mon nom ?

— Tu avoues donc ?

— On avoue toujours ses titres de noblesse.

— Crebleu ! Tu ne t'en tireras pas...

— Et pourtant... Tu sais bien ce qu'un cambrioleur prend en dernier, non ?

Gorgeret écarquille les yeux, incapable de répondre.

Et vous, le saurez-vous ?

Solution p. 351

LE RETOUR DE LA BELLE CATHERINE

Pour résoudre le mystère du domaine de la Barre-y-va, Lupin a convaincu la belle Catherine Montessieux de lui confier ce qui la trouble, les événements incompréhensibles et effrayants qui se sont produits autour d'elle, et qu'elle a jusqu'ici gardés secrets. Celle-ci accède à sa demande et entame son récit :

— J'ai éprouvé la plus grande joie de ma vie à revoir le jardin de mon enfance. Nous sommes arrivées, ma sœur et moi, le 25 avril dernier, un soir, dans une maison froide, abandonnée depuis la mort de mon grand-père, c'est-à-dire depuis plus de dix-huit mois. Dans le salon, il y avait une cheminée, de vieux journaux, du petit bois, une lampe à pétrole.

— Qu'avez-vous allumé en premier ? demande Lupin.

Solution p. 352

LE PRINCE SERNINE

« C'est un homme de trente-cinq à trente-huit ans, dont les cheveux châtains se mêlent de quelques fils d'argent. Il a un teint de belle santé, de fortes moustaches, et des favoris coupés très courts, à peine dessinés sur la peau fraîche des jours. Il est correctement vêtu d'une redingote grise qui lui serre la taille, et d'un gilet à dépassant de coutil blanc. »

813, publié en 1910.

Portrait

Le prince Paul Sernine est l'un des membres les plus brillants de la colonie russe à Paris, dont le nom revient à chaque instant dans les « Déplacements et villégiatures » des journaux.
Mais il peut également s'appeler le prince Serge Rénine, homme jeune d'une grande élégance, le visage mince et un peu pâle, dont les yeux ont tour à tour l'expression la plus douce et la plus dure, la plus aimable et la plus ironique.

DANS LA CABINE DE BAIN

Le prince Rénine est assis avec Hortense sur la terrasse du casino, en face de l'escalier qui descend à la plage.

Ils dominent ainsi tous les deux quelques cabines de bain installées sur les galets devant lesquelles des messieurs jouent au bridge, tandis qu'un groupe de dames cause. Rénine et Hortense observent M. d'Imbreval qui, après s'être promené une bonne heure sur la plage, s'en va vers une cabine plus loin, isolée et fermée, dans laquelle il pénètre.

Il s'écoule une vingtaine de minutes. Une dispute surexcite les joueurs de cartes et l'un d'eux s'exclame :

— Consultons d'Imbreval !

Mais celui-ci ne répond pas. Le prince Rénine se précipite et, se suspendant tant bien que mal au toit de la cabine, jette un œil à l'intérieur.

— Il y a tout lieu de penser que M. d'Imbreval est mort.

— Comment, mort ! s'écrie-t-on.

Rénine ouvre la porte et des cris de terreur s'élèvent. Dans la cabine vide, M. d'Imbreval gît sur le plancher, à plat ventre, les deux mains crispées à son veston.

— Ah ! Il s'est tué ! fait quelqu'un. Regardez, il y a un mot dactylographié.

Le prince Rénine déchiffre celui-ci : « Après avoir passé une heure à méditer ici sur la plage, j'ai décidé d'écrire cette lettre, mes derniers mots d'adieu. La vie m'est devenue insupportable, il ne me reste plus qu'à vous quitter. Adieu, monde cruel ! »

— Mon Dieu ! Nous allons devoir annoncer à Mme d'Imbreval que son époux s'est suicidé, gémit un des joueurs de cartes.

— Jamais de la vie ! contre Rénine. C'est la police qu'il faut appeler, car cet homme ne s'est pas suicidé...

Comment le prince Rénine, alias Lupin, en est-il arrivé à cette conclusion ?

Solution p. 352

PAULE LA PÉCHERESSE

La jeune journaliste Patricia enquête sur quatre morts mystérieuses. Elle a trouvé dans les papiers d'identité des quatre victimes la même indication :

Paule Sinner n° 1
Paule Sinner n° 2
Paule Sinner n° 3
Paule Sinner n° 4

Mot de passe ? Signe de ralliement ? Nom d'une femme réelle ? Ou bien, comme le lui a expliqué son patron MacAllermy avant d'être assassiné, le titre d'un roman français, *Paule la Pécheresse* ? Mystère ! Mystère complet !

Et vous, saurez-vous trouver la signification de ce nom ?

Solution p. 352

LES CARRÉS DE L'INSPECTEUR

« **Bigre ! murmure Raoul d'Averny. Voilà l'inspecteur principal Goussot.**

Qu'est-ce qu'il nous apporte, cet oiseau de mauvais augure ?

L'inspecteur s'avance et serre la main de Raoul, alias Lupin, qui lui dit en riant :

— Comment, nous n'en avons pas fini avec vous, M. l'inspecteur ? !

— Mais si, mais si, riposte Gousseau, d'un ton badin qui ne lui est pas habituel. Seulement, n'est-ce pas ? Quand la justice a eu maille à partir avec quelqu'un, elle garde tout de même sur lui un droit... C'est pourquoi, tout en poursuivant mon enquête, je suis venu vous poser une question.

— Faites donc, mon cher !

— Sur ce dessin que je vous présente, comment obtenir cinq carrés en déplaçant trois allumettes ? »

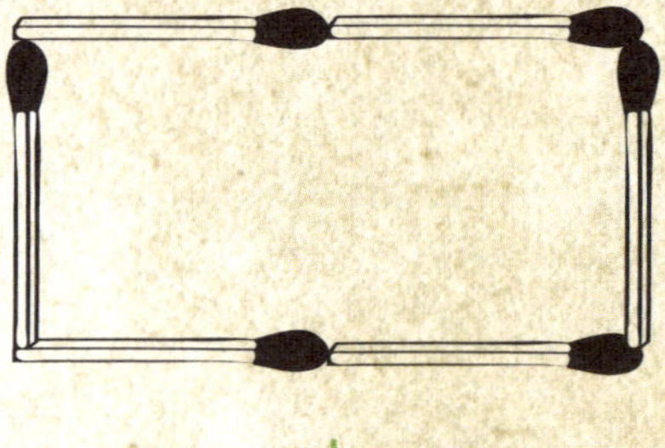

Solution p. 353

DES PERLES

Lupin fait porter à Raymonde de Saint-Véran une cassette contenant neuf perles, et pour que celle-ci puisse contrôler le nombre à l'arrivée, il inscrit sur une étiquette le nombre en chiffres romains : IX. Mais le messager s'empare de trois perles, et pour que la jeune femme ne s'en aperçoive pas, il rectifie l'étiquette.

Comment fait-il ?

Solution p. 353

LES JEUX DU SOLEIL

Avant d'être assassiné, M. Lavernoux, l'intendant du baron Repstein, financier et propriétaire d'Etna, le cheval qui a gagné le Grand Prix de Longchamp, a eu le temps d'adresser à l'aide d'un miroir un message télégraphique codé qu'Arsène Lupin a surpris :

« Surtout, il faut fuire le danger, éviter les ataques, n'affronter les forces enemies qu'avec la plus grande prudance, et... »

Pour ouvrir le coffre-fort du baron Repstein, Arsène Lupin sait qu'il doit utiliser ce message...

Comment ?

Solution p. 353

LA PROPRIÉTÉ D'ARSÈNE

Voilà une chose qui appartient à Lupin.

Il ne l'a volée à personne. Et pourtant, ce sont surtout les autres qui l'utilisent.

De quoi s'agit-il ?

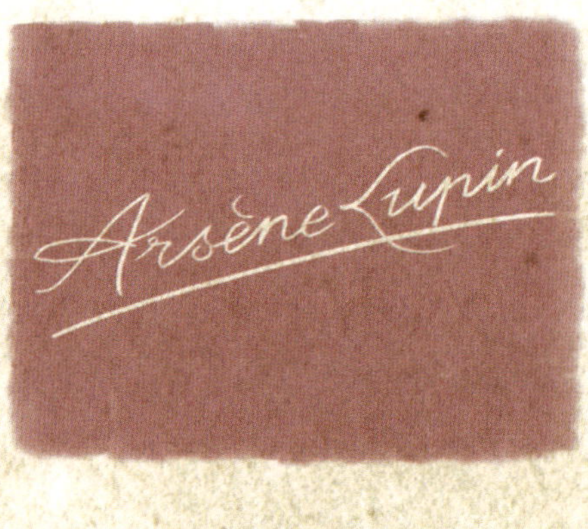

Solution p. 354

LA MAFIA CONTRE LUPIN

« La mafia contre Arsène Lupin, voilà la vérité formidable de notre entreprise ! s'écrie un jeune homme pâle dans la salle des coffres-forts de la banque Angelmann.

Arsène Lupin, millionnaire, milliardaire, n'est-ce pas une honte pour notre époque ? Richesses des rois de France et des monastères du Moyen Âge, tout cela est entre les mains de cet escroc.

Je sais, par des renseignements confidentiels qu'on m'a vendus, je sais qu'Arsène Lupin a converti toutes ses richesses, diamants, pierres précieuses, propriétés, domaines, villas, maisons et palais, il a tout converti en or. Il y a la Banque de France et la Banque Arsène Lupin, les coffres de l'une et les coffres de l'autre. Les coffres de Lupin sont à côté de nous ! J'ai les clefs et les mots des serrures. Tous les lingots sont à nous ! Je sais qu'il y en a plus de 500 et moins de 2 000. Si on les compte 4 par 4, 5 par 5, 6 par 6, il en reste toujours un. Si on les compte 7 par 7, il n'en reste pas.

Pouvez-vous dire combien de lingots détient Arsène Lupin ?

Solution p. 354

UN MESSAGE CHIFFRÉ

Arsène Lupin inspecte les deux portefeuilles trouvés auprès de Dolorès Kesselbach.

Il y a des adresses sur des morceaux de papier, adresses de couturières ou de modistes, mais aussi, adresses de bouges et d'hôtels borgnes... Et des noms aussi... vingt, trente noms, des noms bizarres, Hector le Boucher, Armand de Grenelle, le Malade...

Il y a des bouts de lettre, en langage chiffré, remis sans doute à Dolorès par ses complices, au cours de leurs ténébreuses rencontres.

L'un des papiers retient l'attention de Lupin : il ne porte qu'un calcul, griffonné ainsi :

101 × 5

Quelle peut bien en être la signification ?

Solution p. 354

Arsène Lupin

UNE AIDE POUR LUPIN

Que Lupin l'utilise beaucoup pour mettre au point ses cambriolages ou qu'il ne s'en serve pas, il doit néanmoins le changer chaque mois.

Quel est ce mystérieux objet ?

Solution p. 355

LE COFFRE DU BARON

Arsène Lupin apostrophe le baron Epstein :

— Écoute-moi ! Les trois millions de la baronne, presque tous les bijoux de la princesse, l'argent que tu as touché pour la vente de ton écurie et de l'immeuble, tout est là dans ce coffre-fort, je le sais !

Le baron s'écrie :

— Chaque jour, la combinaison est différente. Donc si vous me faites du mal, vous ne l'aurez jamais !

Lupin, tout à fait calme, sans toucher à un cheveu du baron, s'agenouille devant le coffre-fort. Il manœuvre les boutons avec une attention minutieuse. Ensuite, il examine le trousseau de clés, et en introduit une.

La serrure fonctionne. Le battant s'ébranle.

— À nous les millions ! s'exclame Lupin.

Comment le gentleman cambrioleur s'est-il débrouillé pour deviner la combinaison par lui-même, sans l'aide du baron ?

Solution p. 355

UN HEXAGONE CUBIQUE

L'inspecteur Marescal surveille Raoul de Limézy en attendant l'arrivée des renforts pour l'arrêter.

Raoul saisit le téléphone.

— Tu permets ? Allô... Le numéro Élysée 22. 23, mademoiselle... Allô... C'est le président de la République ? Monsieur le président, envoyez d'urgence à M. Marescal un bataillon de chasseurs à pied...

Furieux, l'inspecteur lui arrache le téléphone.

— Assez de bêtises, hein ?

— Tu ne comprends pas la plaisanterie, regrette Raoul. C'est pourtant l'occasion ou jamais de rigoler un brin... Tiens, regarde.

Il entreprend alors d'un air grave de disposer sur la table six allumettes en forme d'hexagone.

— Il suffit de deux allumettes supplémentaires pour transformer cet hexagone en cube, Marescal.

Comment faire ?

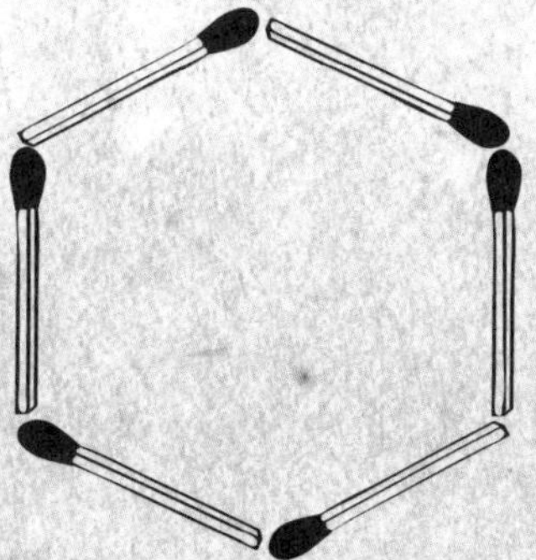

Solution p. 355

UNE QUESTION D'HERLOCK SHOLMÈS

« Il est trois heures, M. Lupin, déclare Herlock Sholmès en consultant sa montre de gousset.

— Trois heures déjà ? Quel dommage !… On s'amusait tellement !

— J'attends votre réponse.

— Ma réponse ? Mon Dieu, que vous êtes exigeant ! Quelle était la question, déjà ?

— Qu'est-ce qui est liquide à température ambiante dans son état naturel, mais se solidifie lorsqu'il est chauffé ? »

Solution p. 356

LES MOINES AUTOUR DU CLOÎTRE

« **Qu'est-ce que tu as, Raoul ? Tu sembles tout ému, remarque Joséphine Balsamo.**

Raoul, alias Lupin, affirme alors sentencieusement :

— Joséphine, les moines du Moyen Âge étaient des gourdes. Sapristi ! Un enfant de l'école primaire résout des problèmes autrement difficiles. Regarde : huit moines sont installés chacun dans une cellule, ce qui fait un total de trois moines de chaque côté du cloître. »

Comment peut-on les répartir dans les cellules de façon à ce qu'ils soient quatre de chaque côté ?

1	1	1
1		1
1	1	1

Solution p. 356

MONSIEUR LENORMAND

« Monsieur Lenormand était un homme encore jeune, si l'on considérait l'expression même de son visage, ses yeux qui brillaient sous ses lunettes ; mais c'était presque un vieillard si l'on notait son dos voûté, sa peau sèche comme jaunie à la cire, sa barbe et ses cheveux grisonnants, toute son apparence brisée, hésitante, maladive. »

813, publié en 1910.

Portrait

Commissaire du gouvernement aux colonies dans les postes les plus périlleux, il est nommé à Bordeaux vers 55 ans, puis sous-chef à Paris et, enfin, chef de la Sûreté. On le compare aux plus illustres des policiers. Mais derrière ce vieux fonctionnaire honnête et opiniâtre se dissimule Arsène Lupin ! Comment le gentleman cambrioleur a-t-il pu devenir chef de la Sûreté ? Mystère...

EN DROITE LIGNE

Depuis Paris, où il a été enfermé à la Santé après que l'on a découvert qu'il avait été chef de la Sûreté sous le nom de M. Lenormand, Arsène Lupin a tenté de résoudre l'énigme de « 813 ».

Aujourd'hui, il se lance vers Lyon, à la poursuite de Dolorès Kesselbach. Au volant de son cabriolet, il roule toute la journée dans la direction prise le matin, et sans jamais faire demi-tour, regagne Paris en début de soirée.

Comment a-t-il fait ?

Solution p. 356

LE TESTAMENT DE M. MONTESSIEUX

« Tout à l'heure, alors que vous lisiez le testament, dit Raoul d'Avenac, j'ai aperçu en dernière page, un nombre.

— En effet, réplique le notaire, qui montre la page. Sans doute un nombre posé au hasard.

— Voulez-vous me permettre de le copier ?

Et Raoul copie ce nombre :

528 947 631

— Eh bien, que vois-tu dans tout ce fatras ? demande l'inspecteur Théodore Béchoux. Ça m'a tout l'air de chiffres alignés sans raison, hein ?

— Oh, que non ! Tu ne vois pas la particularité de ce nombre ? »

Et vous, comme Lupin, saurez-vous la distinguer ?

Solution p. 357

Arsène
Lupin

UNE QUESTION À L'EMPEREUR

À la recherche des lettres de l'Empereur, Lupin a parcouru en tous sens les ruines du château de Veldenz, où les grands-ducs de Deux-Ponts ont habité pendant trois siècles.

Il ne reste que les murs intacts d'un palais Renaissance. Les fenêtres, vides, ouvrent deux cents trous béants sur les quatre façades. On marche sur les poutres calcinées des parquets, et le ciel apparaît de place en place à travers les plafonds démolis. Lupin a inutilement examiné les pierres, mesuré l'épaisseur des murailles, scruté la forme et l'apparence des choses.

Alors, dans l'une des vastes salles, il demande un papier et un crayon. Avec le crayon, il inscrit sur la feuille blanche « 813 ».

— Mais que signifie ce chiffre 813 ? demande l'Empereur.

— Ah ! C'est là le point qui m'a donné le plus de mal dans cette énigme. J'ai toujours eu l'idée qu'il fallait additionner les trois chiffres, et le nombre 12 ainsi obtenu m'a paru aussitôt s'appliquer à cette salle, qui est la douzième de la galerie. Désormais, il ne me manque plus qu'un mot à trouver : un mot de huit lettres, mais lorsque l'on en enlève trois, on obtient « douze ».

Sauriez-vous quel est ce mot, Majesté ?

Solution p. 357

UN HOMME CONTENT DE LUI

Vêtu d'un petit costume gris de plein été, et sous le bras, un chapeau, l'homme flâne sur les boulevards.

Son visage, qui paraît sourire aux passants, et surtout aux passantes, est celui d'un monsieur qui se dirige allègrement vers la cinquantaine. Mais vu de dos, ou de loin, ce même monsieur fringant, de taille mince, très à la mode, a plutôt l'air d'avoir vingt-cinq ans.

— Et encore ! se dit-il en contemplant dans les glaces son élégante silhouette, que d'adolescents pourraient me porter envie ! Tout en moi trahit l'équilibre physique, la santé morale et la triple satisfaction d'un bon estomac, d'un intestin scrupuleux et d'une conscience irréprochable. Avec ça, on peut marcher droit et la tête haute.

Décidément content de lui, l'homme ajoute :

— De plus, toujours à l'eau calme, je ne suis jamais mouillé.

De quoi parle-t-il ?

Solution p. 357

SOUS LA DICTÉE

« Prenez un crayon, mon cher, intime Lupin à son biographe Maurice Leblanc, qui lui réclame le récit de nouvelles aventures.

Celui-ci obéit vivement, tout heureux à l'idée que Lupin va enfin lui dicter quelques-unes de ces pages où il sait mettre tant de verve et de fantaisie...

— Vous y êtes ? demande celui-ci.

— J'y suis.

— Inscrivez : 503-406-

— Comment ?

— Inscrivez, vous dis-je. 503-406-310-215-

Son ami s'exécute et Lupin demande alors :

— Pouvez-vous déterminer le dernier nombre, de façon à ce que l'ensemble constitue une suite logique ? »

Solution p. 358

Maurice Leblanc

DRÔLE DE CHUTE

Tous les sens aux aguets, Raoul d'Avenac s'avance dans le parc du manoir de la Barre-y-va, le revolver en main, accompagné de l'inspecteur Béchoux.

Un monticule s'est formé autour et au-dessus d'une serre démolie, chaos de pierres et d'herbes et de buissons, où un passage se dessine, dans lequel s'engagent les deux hommes. Soudain, ils ont l'impression qu'un craquement de branches se produit sous leurs pieds et qu'une fissure s'ouvre au milieu des décombres.

Ils tombent tous les deux dans le vide, en même temps que se produit un éboulement de cailloux et de sable.

— Crebleu de crebleu ! jure l'inspecteur.

Les deux hommes se dégagent, se relèvent et époussettent leurs vêtements. Théodore Béchoux a le visage couvert de poussière, tandis que celui de Raoul est propre.

Pourtant, c'est Raoul qui part immédiatement se laver le visage.

Pourquoi ?

Solution p. 358

LE PETIT DÉJEUNER DE LUPIN

« **Je viens de recevoir la dépêche que j'attendais, déclare Lupin depuis l'intérieur de sa cellule à la Santé.**

Ganimard contemple le détenu d'un air stupéfait.

— Vous venez de recevoir une dépêche ? Vous vous moquez de moi, Lupin.

— Veuillez, mon cher ami, décapiter doucement cet œuf à la coque, dit-il en désignant le plateau du repas qu'un gardien vient de lui apporter. Vous constaterez que je ne me moque pas de vous.

Machinalement, Ganimard obéit, et casse l'œuf avec la lame d'un couteau. Un cri de surprise lui échappe. La coque, vide, contient une feuille de papier bleu, un télégramme adressé à Lupin par ses comparses.
— Il faut bien se distraire, n'est-ce pas, remarque le gentleman cambrioleur. Évidemment, je vais devoir commander un nouveau repas. »

À votre avis, Ganimard, combien d'œufs peut-on manger le matin à jeun ?

Solution p. 358

ÉCHAPPÉE BELLE

Depuis plusieurs heures, le village de Saint-Nicolas, de même que tous les villages alentour, est plongé dans une panne d'électricité générale.

Plus rien ne fonctionne, ni l'éclairage public des réverbères, ni l'électricité des maisons, et toutes les devantures des boutiques, du boulanger jusqu'au mercier, sont éteintes.

Soudain, énorme, effroyable, pareille à un monstre, une automobile dont les deux phares sont brisés débouche à une allure vertigineuse. Parmi les clameurs, elle pique droit sur l'église, vire au moment même où elle va se briser contre les marches, frôle le mur du presbytère, retrouve le prolongement de la route nationale... Mais au milieu du carrefour se tient une paysanne, tétanisée, sur laquelle fonce la voiture.

Pourtant – miracle incompréhensible ! – l'automobile pile et s'arrête juste à temps.

Comment le conducteur a-t-il pu distinguer la femme ?

Solution p. 359

UNE QUESTION DE MAÎTRE QUIMBEL

« **Puisque je n'ai plus rien à faire, je vais m'occuper de mon procès, clame Lupin depuis sa cellule de la Santé.**

Que l'on prévienne mon avocat, le bâtonnier Quimbel.

Celui-ci, tout joyeux, arrive au parloir des avocats. C'est un homme âgé dont les verres très grossissants lui font des yeux énormes. Il pose son chapeau sur la table, étale sa serviette et sort ses fiches, épinglées les unes au-dessus des autres.

— Voici ma première question, lance-t-il. Pouvez-vous identifier A, B et C pour former la somme suivante » :

$$AA + BB + CC = ABC$$

Solution p. 359

L'INSPECTEUR IMMOBILISÉ

La police a déboulé dans l'atelier du sculpteur Dimbleval, où Lupin s'était introduit pour voler un collier.

Le gentleman cambrioleur a filé se cacher derrière le paravent qui dissimule une sorte de cabinet de toilette pour les modèles.

Tandis que le sous-chef et ses hommes se précipitent pour aller chercher du renfort au commissariat de la rue de Nemours, l'inspecteur Gontrand demeure sur place.

Lupin s'avance sur la pointe des pieds vers l'inspecteur, qui roule une cigarette.

— Haut les mains, ne bouge pas, je ne te ferai pas de mal !

Lupin enjoint ensuite à l'inspecteur de se tenir au milieu de la pièce. Puis, à l'aide d'un morceau de craie, il entreprend de tracer autour de lui un cercle dont le policier ne pourra pas s'évader.

Comment est-ce possible ?

Solution p. 359

LE CHIFFRE DU COFFRE

« **Le coffre-fort est dans cette pièce ?**

— Oui, entre la première et la seconde fenêtre, derrière le portrait, indique le capitaine Delval à Bournef, qui décroche le tableau et dit :

— Je ne vois rien.

— Si. Le coffre est délimité par les moulures mêmes du petit panneau central. Au milieu, tu trouveras une feuille sur laquelle les chiffres suivants sont inscrits de cette façon :

9 9 9
5 5 5
3 3 3
1 1 1

Si tu entoures six chiffres parmi ceux-ci dont la somme est 21, tu auras le code pour ouvrir le coffre. »

Comment va-t-il faire ?

Solution p. 360

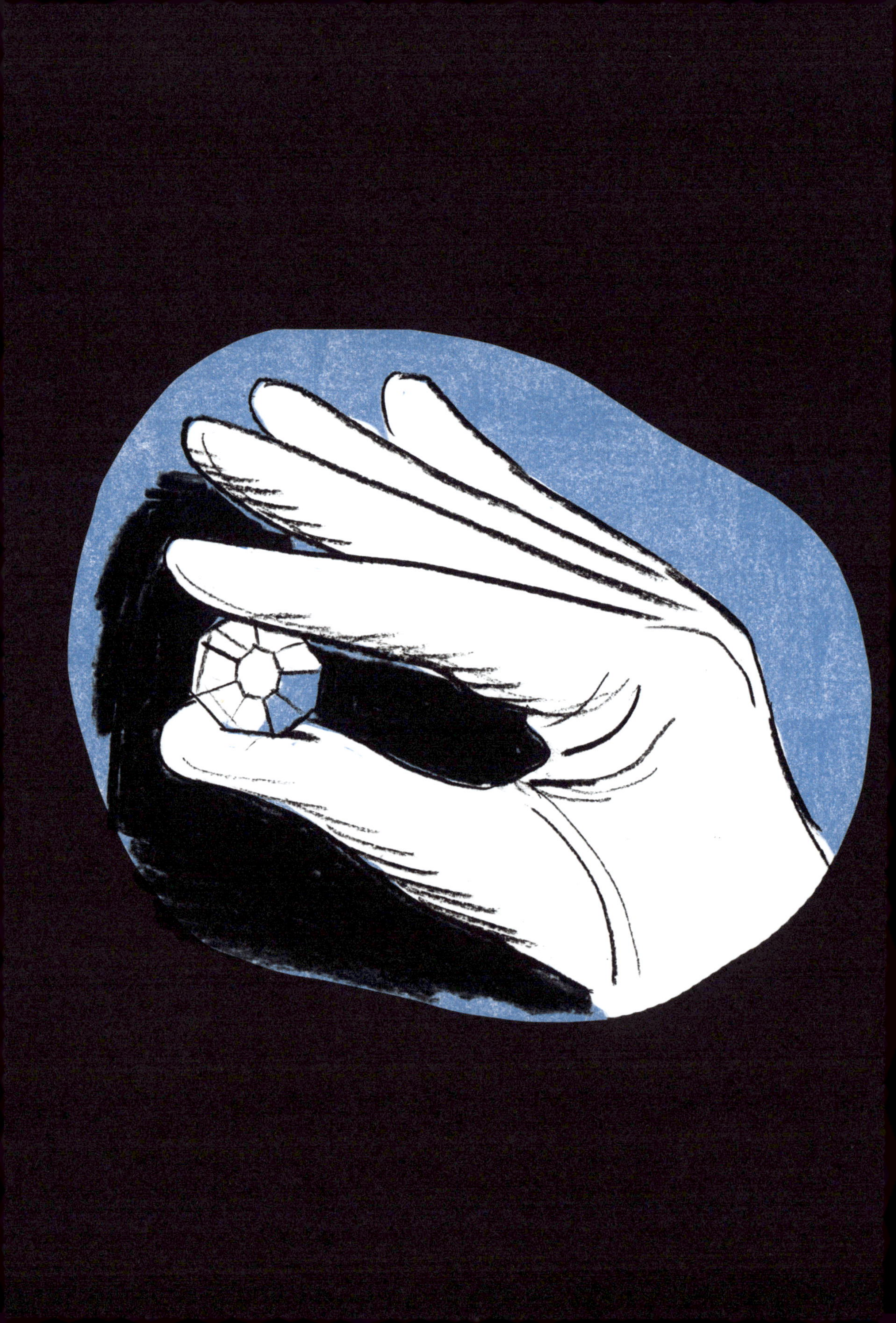

LA CASSETTE D'ÉBÈNE

Dans la suite qu'il occupe au Palace-Hôtel, le multimillionnaire Rudolf Kesselbach, de passage à Paris, est en communication téléphonique avec son acolyte Marco :

— Oui, c'est moi... J'ai la cassette d'ébène incrustée d'ivoire, dans laquelle j'ai placé les deux cents plus beaux diamants de ma collection particulière. Je vais te les envoyer par colis postal, mais il ne faut pas que Lupin puisse s'en emparer ! Je dispose de plusieurs cadenas et de toutes les clés qui vont avec. Mais si je t'expédie une clé dans une boîte non verrouillée, Lupin peut subtiliser la clé en cours de route pour la copier. Attends que je réfléchisse...

Comment faire pour t'envoyer les diamants sans crainte que Lupin puisse mettre la main dessus ?

Solution p. 360

LES SUSPECTS DU VOL

« **Le diamant bleu a disparu ! s'exclame l'inspecteur Ganimard.**

Le célèbre diamant qui faisait partie de la couronne royale de France et qui fut donné par le duc d'A... à Léonide L... et, à la mort de Léonide L..., racheté par le baron d'Hautrec.

— Pour une fois, vous renoncez, je l'espère, à suspecter ce malheureux Lupin ? ricane le juge d'instruction.

Ganimard réfléchit, et riposte d'un ton sentencieux :

— C'est justement quand je ne comprends plus que je suspecte Arsène Lupin. Mais aujourd'hui, j'ai trois autres suspects : Antoinette Bréhat, le consul M. Bleichen et Mme de Réal, que nous avons déjà interrogés.

— Et quelle est votre opinion ?

L'inspecteur a l'air embarrassé. En effet, il sait que les trois suspects mentent à chaque interrogatoire. Cette fois-ci, Antoinette accuse Mme de Réal, Mme de Réal avoue tout, mais le consul Bleichen accuse Antoinette.

Qui est donc coupable ?

Solution p. 360

L'INSPECTEUR GANIMARD

« Ganimard n'est pas un de ces policiers de grande envergure dont les procédés font école et dont le nom restera dans les annales judiciaires. [...] Mais il a d'excellentes qualités moyennes, de l'observation, de la sagacité, de la persévérance, et même de l'intuition. Rien, si ce n'est peut-être l'espèce de fascination qu'Arsène Lupin exerce sur lui, rien ne le trouble ni l'influence. »

Arsène Lupin contre Herlock Sholmès,
publié en 1908.

Portrait

Justin Ganimard est inspecteur à la préfecture de police, au célèbre Quai des Orfèvres.
Même s'il parvient à arrêter Arsène Lupin qui débarque à New York du transatlantique La Provence, celui-ci organise son évasion de la prison de la Santé et prend au fil des ans un malin plaisir à toujours narguer l'inspecteur.
Bien qu'il soit sa bête noire, Lupin reconnaît que Ganimard, doté d'un courage indomptable, « c'est quelqu'un ». Mais le pauvre inspecteur n'aura jamais la satisfaction de mettre fin à la carrière d'Arsène Lupin...

VICTOIRE AU PIANO

En rentrant chez lui, Lupin embrasse sa vieille nourrice Victoire, s'assoit sur son divan et s'exclame :
— Ah, ma bonne Victoire, un ami n'a-t-il pas apporté un poisson que je lui avais commandé ?
Victoire marmonne :
— Encore des trucs, et toujours des trucs ! Tu ne peux donc pas me laisser tranquille ? Mais je vais te donner ta réponse.
Elle s'installe au piano et joue quinze notes à Lupin.
Celui-ci n'a aucune difficulté à interpréter le message de Victoire.

Pouvez-vous en faire de même, sachant que les notes utilisées par la vieille nourrice sont les suivantes :
1 Do, 2 Ré, 3 Mi, 1 Fa, 1 Sol, 4 La, 3 Si ?

Solution p. 361

HUIT TRIANGLES D'OR

« **L'or est ici, affirme Lupin. Mais comment le trouver ?**

— Vous n'avez aucun indice ? demande Patrice Belval

— Aucun. Ceci tout au plus, et je n'y attache qu'une valeur relative.

Lupin extrait de sa poche un papier froissé, qu'il déplie.

— Voici ce que j'ai trouvé dans la main d'Essarès Bey, quelques mots informes, écrits à la hâte, avec une seule question à peu près lisible : « Comment découper un carré en huit triangles n'ayant que des angles aigus, c'est-à-dire inférieurs à 90° ? » Que signifie cette question et en quoi se rapporte-t-elle à notre affaire, je n'en sais rien. Mais il nous faut découvrir la solution ! »

Pouvez-vous aider Lupin et Patrice Belval ?

Solution p. 361

LES BOUCLES D'OREILLES DE LA PRINCESSE

Les dix paires de boucles d'oreilles en saphir et en rubis de la princesse Laurentini ont été jetées en vrac dans la commode de sa chambre.

Dix boucles rouges et dix boucles bleues mélangées dans un tiroir. À l'exception de la couleur des pierres, rien ne permet de discerner les vingt boucles d'oreilles, à la monture identique. La chambre est plongée dans l'obscurité et Lupin cherche à subtiliser une paire de boucles assorties.

Quel est le plus petit nombre de boucles qu'il doit retirer du tiroir pour être certain de mettre la main sur une paire assortie ?

Solution p. 361

ROULETTE

GORGERET À LA ROULETTE

L'animation dans la grande rotonde du Casino Bleu est à son comble.

La foule houleuse, ivre de bruit et de gaieté factice, se presse autour des tables. Une maison de champagne qui veut se lancer remplit toutes les coupes que l'on tend. À la roulette, l'inspecteur Gorgeret, en habit trop étroit, craquant aux entournures, mise tous ses jetons et double sa mise.

Il garde deux jetons et passe tous les autres à l'un de ses hommes, Thomas, qui triple sa mise. Thomas en garde trois et passe tous les autres au Grand Paul, qui mise à son tour, et quadruple sa mise.

Le Grand Paul garde quatre jetons et donne les trente-deux autres à Raoul d'Avenac.

De combien de jetons disposait l'inspecteur Gorgeret ?

Solution p. 362

LE SOURIRE DE LUPIN

« **Qu'est-ce que vous avez, Lupin ?**

— Moi ? Rien.

— Mais si… Et puis, tenez, voilà que vous souriez…

— Eh bien, cher Maurice, je me demandais… Le chiffre 5 008 a été dessiné ci-dessous avec des allumettes.

En ne déplaçant que deux allumettes, quel est le nombre le plus élevé que vous puissiez former ? »

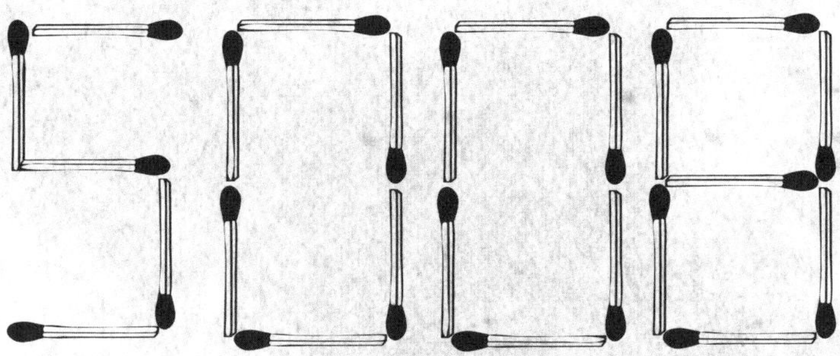

Solution p. 362

UNE AFFAIRE DE SOMMES

Inquiet, Isidore Beautrelet interroge le juge d'instruction :
— Vous n'avez parlé à personne de ce document que le brigadier a ramassé et qu'il vous a remis en ma présence ?
— Ma foi non, à personne. Vous y attachez une valeur quelconque ?
— Une grande valeur. C'est une idée que j'ai…
Beautrelet pose sur la table le document et le maintient déplié.
— Une remarque, M. le juge d'instruction. Voici deux rangées de chiffres :

1358

2479

La somme de la première rangée est 17. La somme de la seconde, 22. Comment faire pour que la somme de chacune de ces rangées soit identique ? Uniquement en bougeant deux chiffres et en les utilisant tous.
— Fichtre ! réfléchit M. Filleul, le juge d'instruction.

Pouvez-vous l'aider ?

Solution p. 363

FORT DE CAFÉ

Arsène Lupin et Doudeville font leur entrée chez Caillard, le restaurant à la mode ; Lupin serré dans son frac, mais avec le pantalon un peu trop large de l'artiste et la cravate un peu trop lâche ; Doudeville en redingote, la tenue et l'air grave d'un magistrat.
Un maître d'hôtel, correct et dédaigneux, attend les ordres, un carnet à la main. Lupin commande avec une minutie et une recherche de fin gourmet. Après avoir mangé de bon appétit, il demande un café. Mais, horreur, il trouve une mouche dans sa tasse !
Il renvoie son café et le maître d'hôtel lui en apporte un nouveau.
Au bout d'une gorgée, Lupin, furieux, rugit :
— C'est le même café que tout à l'heure !

Comment a-t-il pu deviner que le maître d'hôtel ne lui avait pas préparé un nouveau café ?

Solution p. 363

UN CHOIX CRUCIAL

Clarisse d'Étigues est amoureuse de Raoul d'Andrésy, mais son père, le baron Godefroy d'Étigues, refuse de lui laisser épouser ce jeune homme sans fortune.

Devant l'insistance de sa fille, le baron décide de s'en remettre au sort publiquement. En présence de la famille réunie, il montre ses deux poings fermés et annonce :

— J'ai un caillou blanc dans une main et dans l'autre un caillou noir. Clarisse va désigner elle-même une main : si celle-ci contient le caillou blanc, je respecterai son choix ; si elle contient le caillou noir, elle devra se plier à ma décision.

Le baron est un tricheur patenté et Clarisse d'Étigues est certaine qu'il serre dans chacune de ses mains un caillou noir. Pourtant, elle sait comment retourner la situation à son avantage.

Quelle solution va-t-elle adopter ?

Solution p. 363

L'ÉNIGME D'ISIDORE BEAUTRELET

Le jeune collégien Isidore Beautrelet a été blessé par Brédoux, le greffier du juge d'instruction, avant de pouvoir révéler la clé de l'énigme suivante :

5-14-9-7-13-5

Spécialistes et techniciens du crime, romanciers et dramaturges, magistrats et anciens chefs de la Sûreté, Herlock Sholmès en herbe, chacun a sa théorie.

Trouverez-vous la solution ?

Solution p. 364

LA MAUVAISE HUMEUR DE VICTOR

Cet après-midi de dimanche, pour échapper à l'encombrement d'une fête foraine, Victor, de la brigade mondaine, s'assied à la terrasse d'un café, et, parcourant des yeux un journal du soir, y lit cet entrefilet :

« On affirme que le fameux cambrioleur Arsène Lupin aurait été vu mercredi dernier dans une ville de l'Est. Des inspecteurs ont été envoyés de Paris. Une fois de plus, il aurait échappé à l'étreinte de la police. »

— Salaud ! murmure Victor, en policier rigide qui considère les malfaiteurs comme autant d'ennemis personnels et s'exprime à leur égard en termes dépourvus d'aménité.

Il rentre alors dans le café et commande un verre d'eau.

Le barman lui pointe un revolver dessus.

Victor le remercie puis s'en va, quittant le café.

Pourquoi ?

Solution p. 364

IMPRENABLE

Voilà une chose dont aucun gentleman cambrioleur ne pourra s'emparer, même pas Lupin !

Aussi grande qu'un château, elle est pourtant plus légère que l'air, mais même cent cavaliers réunis ne pourraient la déplacer...

De quoi s'agit-il ?

Solution p. 364

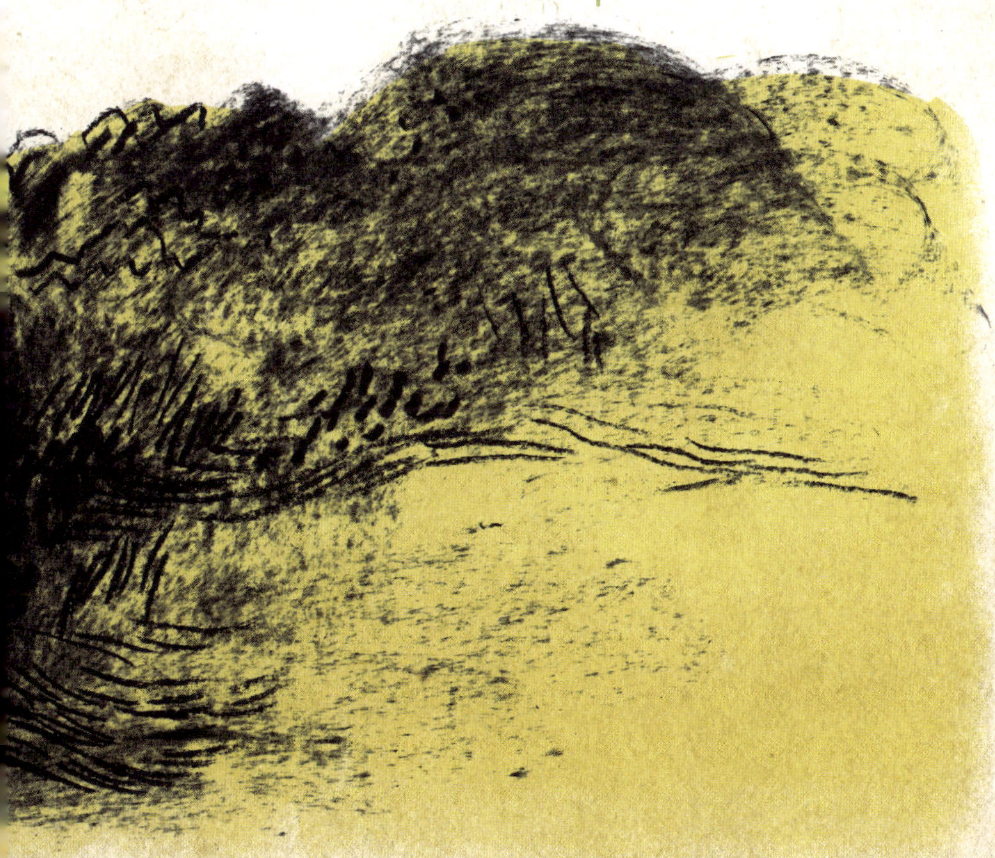

UNE MORT SINGULIÈRE

Un coup de feu retentit dans la cour du domaine de la Barre-y-va. Arsène Lupin se précipite sur le perron, pour trouver une jeune femme morte dans une voiture, un revolver à côté d'elle sur la banquette. Les portières sont verrouillées, la clé est sur le contact, les vitres sont relevées.
Et pourtant, Arsène Lupin a la certitude que la jeune femme a été assassinée, et qu'il ne s'agit pas d'un suicide !

Comment cela peut-il se faire ?

Solution p. 365

UN ÉTRANGE VOYAGEUR

Arsène Lupin se rend un matin de Rouen à Paris par le train. Tranquillement installé dans son compartiment, il déplie ses journaux et lit les comptes rendus du procès d'Arsène Lupin et de son évasion... Comme ceux-ci ne l'intéressent que médiocrement, car il connaît déjà tout ce qu'ils racontent, son attention est attirée par l'homme assis non loin de lui, sur la banquette qui lui fait face.

L'individu, qui a suspendu son chapeau mou à une patère, a un visage maigre et sec, entièrement glabre, troué d'orbites profondes. Son visage est morne, aucune expression ne l'anime. Aucune pensée ne semble vivre sous ce front d'ivoire. Ses paupières sans cils ne bougent jamais, et son regard a la fixité d'un regard de statue.

Le lendemain, par le commissaire de la gare, Lupin apprend que l'homme, qui avait repris le train le soir même en sens inverse depuis Paris, s'est tiré une balle dans la tête juste avant d'arriver à Rouen.

Pourquoi ?

Solution p. 365

UNE VENTE À LA BOUGIE

Maître Audigat, notaire, prépare à la nuit tombée la vente aux enchères du château de Volnic, gentilhommière à tourelles et à tuiles roussâtres.

Installé dans le grand salon, il agit avec solennité et parle avec emphase.

Il exhibe une boîte d'allumettes, en prend une, la frotte et allume successivement dix bougies. Tout cela avec les gestes d'un prestidigitateur qui va faire sortir une douzaine de lapins d'un chapeau haut de forme.

Un courant d'air éteint deux bougies. Le temps d'aller fermer la fenêtre, une autre bougie s'éteint.

Combien de bougies restera-t-il au notaire le lendemain matin ?

Solution p. 365

UN JEU D'ENFANT

Herlock Sholmès pénètre dans la salle d'étude des enfants du baron et de la baronne d'Imbreval.

La petite fille, Henriette, lui a expliqué qu'elle s'amusait à prendre des mots et à les coller, comme sa gouvernante. Sur la cheminée, dans le paquet de journaux entassés là, le détective remarque que des groupes de mots ou de lignes ont effectivement été découpés aux ciseaux. Que peut bien signifier tout cela ?

Machinalement, Herlock feuillette les livres de classe empilés sur la table, puis d'autres qui reposent sur les rayons d'un placard. Et, dans un coin, sous de vieux cahiers amoncelés, il découvre un album pour enfants, un alphabet orné d'images. Il remarque que, cette fois-ci, une série de lettres majuscules a été découpée soigneusement.

Il sort son carnet et se prépare à noter.

Comment va-t-il écrire un seul mot avec les lettres suivantes : NOTULUSEM?

Solution p. 365

QUI EST LA FEMME DU PORTRAIT ?

Paul Delroze contemple le portrait suspendu dans la chambre de sa femme Élisabeth.

Il en examine les moindres détails. Il étudie le camée, le cygne aux ailes déployées qui s'y trouve représenté, le cadre doré, le mouvement de la dentelle autour des épaules, la forme de la bouche, la nuance des cheveux et le dessin du visage.

Dans un coin du tableau, il y a la signature du peintre et, en dessous, un cartouche : « Comtesse H. »

Paul Delroze demande à Élisabeth qui représente ce portrait. Celle-ci répond :

— Je n'ai ni tante ni sœur, mais la mère de cette femme est la fille de ma mère.

Quel est le lien de famille entre la comtesse H. et Élisabeth ?

Solution p. 366

LE TRÉSOR DES ROIS DE FRANCE

« Arsène Lupin lègue à la France tous les trésors de l'Aiguille creuse… »

Sous ces mots tracés à la craie rouge sur le mur, dans la salle ronde, très haute, de forme conique, qui occupe le sommet de l'Aiguille creuse, le jeune Isidore Beautrelet découvre enfin le trésor des rois de France : une couronne, un sceptre et un trident, posés sur un autel.
Au-dessus de l'autel se trouvent trois inscriptions :

1. Ne prenez pas le trident ou prenez la couronne.
2. Ne prenez pas la couronne ou prenez le sceptre.
3. Prenez la couronne ou ne prenez pas le sceptre.

Sachant qu'une seule de ces affirmations est vraie, Isidore Beautrelet doit-il prendre le trident et la couronne ?

Solution p. 366

PIÈGE MORTEL

Le baron Jean d'Enneris, alias Lupin, se retrouve ligoté et bâillonné dans la Demeure mystérieuse.

Le plancher est aspergé d'essence et, par un dispositif diabolique, les six allumettes ci-dessous vont s'enflammer l'une après l'autre... Pour échapper au piège, Lupin doit disposer les allumettes de façon à ce qu'elles se touchent toutes par un point – attention, il sait qu'il ne peut pas les disposer en étoile, car l'épaisseur de la tête les empêcherait alors de toutes se toucher !

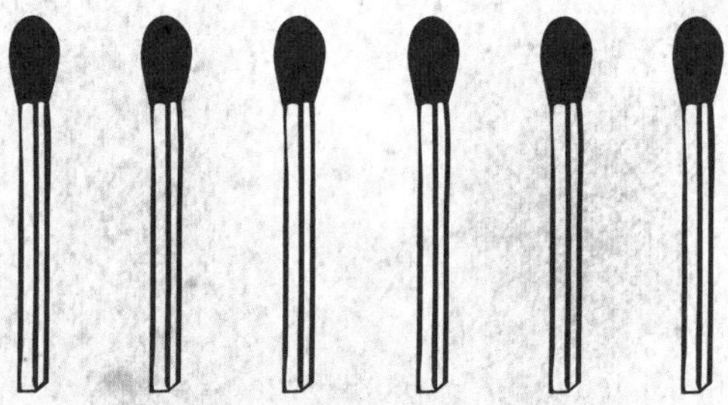

Solution p. 367

LE JOURNAL DE MIDI

« Ça y est ! s'écrie Arsène Lupin le matin à son réveil. »
Il a quasiment élucidé l'affaire de la demeure mystérieuse.
Il déjeune de bonne heure, puis se promène. Ayant traversé la Seine, il achète un journal de midi qui vient de paraître, et le déplie machinalement.

Mais dans quel sens le journal ci-dessous pointe-t-il ?
Vers vous ou bien à l'opposé ?

Solution p. 367

UNE ÉVASION DE LA SANTÉ

Arsène Lupin franchit le seuil de la cellule 14 de la prison de la Santé.

— Pas mal votre appartement… pas mal du tout…, déclare-t-il. La lumière électrique, le chauffage central, les water-closets… Bref, tout le confort moderne. Monsieur le directeur, que l'on ne m'apporte pas mon chocolat demain matin avant dix heures…

Car Lupin a bien l'intention de s'évader de sa cellule. Il a remarqué, tout en haut du mur, une petite fenêtre qui laisse apercevoir les branches d'un arbre et à travers laquelle il est sûr de pouvoir se glisser. Mais il a beau monter sur le lit, impossible d'atteindre la lucarne. La table et la chaise sont attachées au sol. Creuser un tunnel ? Il se met à creuser, puis s'interrompt. Voilà qui va lui prendre un temps fou… Pourtant, il est bien décidé.

— Crénom ! Suis-je bête… Évidemment !

Quelle solution Lupin a-t-il trouvée pour s'évader ?

Solution p. 367

LE DON DU POÈTE

Sur un large balcon de bois, un jeune homme écrit.
Parfois il lève la tête et contemple d'un regard vague l'horizon des coteaux où les arbres, dépouillés par l'automne, laissent tomber leurs dernières feuilles sur les toits rouges des villas et sur les pelouses des jardins. Puis il recommence à écrire.
Au bout d'un moment, il prend sa feuille de papier et lit à haute voix :

CIEL CIEL CIEL
CIEL CIEL CIEL
CIEL

— Pas mal, fait une voix derrière lui. Enfin, tout le monde ne peut pas être Lamartine.
— Vous ! Vous ! balbutie le jeune homme avec égarement.
— Mais oui, moi-même, Arsène Lupin, qui a deviné quelle expression se cache dans ton poème...

Et vous, le savez-vous ?

Solution p. 368

DRÔLE D'ÉQUATION

5 + 5 + 5 = 550

Lupin sait bien que l'équation griffonnée sur le message dissimulé dans le cigare bagué est fausse.

Comment peut-il la rendre juste rien qu'en tirant un trait ?

Solution p. 368

LE BOUT DU TUNNEL

Après avoir dévalisé les passagers et être descendu en marche du rapide qui filait vers Rouen, Arsène Lupin remonte à pied le tunnel percé sous la côte Sainte-Catherine.

Arrivé aux 3/8e du chemin, il entend le sifflet d'un autre train qui arrive derrière lui, et devine la fumée dans le jour à l'entrée du tunnel. Il sait que le train roule toujours à 60 km/h sur cette portion de la voie. En effectuant un rapide calcul, il constate qu'il peut éviter le train de justesse en courant, soit vers l'entrée du tunnel, soit vers la sortie.

À quelle vitesse Arsène Lupin court-il, en km/h ?

Solution p. 368

Shakespeare's Tragedy of
ROMEO AND JULIET

TROIS LETTRES

Dans la bibliothèque de son hôtel particulier, Don Luis Perenna découvre que le volume huit des œuvres de Shakespeare est faux, avec un vide à l'intérieur offrant une cachette.

Il y trouve du papier à lettres, des enveloppes et, sur une feuille quadrillée, comme des notes jetées à la hâte :

Hôtel du boulevard Suchet
Première lettre. Nuit du 15 au 16 avril. Le premier prend un « e » au masculin.

Deuxième lettre. Nuit du 25 avril. Le deuxième ne prend pas de « e » au féminin.

Troisième lettre. Nuit du 5 mai. Le troisième prend un « s » au singulier.

Don Luis a compris que chacune des lettres ne contient qu'un mot et qu'il s'agit de trois homonymes.

Saurez-vous retrouver ce mot ?

Solution p. 369

LA RÉCOMPENSE DE LUPIN

« Il faut retrouver mes lettres à tout prix ! s'écrie l'empereur d'Allemagne. J'y attache une valeur considérable...

— Les voici, Sire.

L'Empereur a un moment de stupéfaction. Il regarde Lupin, il regarde les lettres, lève de nouveau les yeux sur Lupin, puis empoche le paquet sans l'examiner.

Arsène Lupin vient de sauver la vie et la réputation de l'Empereur en retrouvant des papiers secrets disparus : des lettres confidentielles au chancelier Bismarck, des lettres et des photos envoyées à la reine Victoria, le texte d'un traité secret avec l'Angleterre et la France.

— Que puis-je faire pour vous ? Vous m'avez rendu ces lettres... Vous m'avez sauvé la vie... Que puis-je faire ? Tout ce que vous demanderez, je vous le donnerai.

Lupin dispose un échiquier de 64 cases devant l'Empereur et lui dit :

— Si vous me donnez un sou pour la première case de cet échiquier, deux sous pour la deuxième case, quatre sous pour la troisième case, et ainsi de suite jusqu'à la dernière case, en doublant le nombre de sous à chaque fois, cela me suffira.

L'Empereur acquiesce, pensant que les exigences de Lupin sont bien modestes. »

A-t-il raison ?

Solution p. 369

8
7
6
5
4
3
2
1
a b c d e f g h

LES FLÈCHES DU CADRAN SOLAIRE

Dans la maison de Passy de Charles d'Ernemont, un trésor est caché dans le jardin, entre la rotonde, le cadran solaire et le puits. Lupin s'approche du cadran solaire. Le piédestal en est formé par un homme au torse puissant qui porte sur les épaules une table de marbre dont le temps a tellement usé la surface qu'on distingue à peine les lignes des heures gravées. Au-dessus, deux Amours aux ailes déployées tiennent chacun une longue flèche, aux empennages inversés.

Mais quelle est la plus longue des deux, celle qui va indiquer l'emplacement du trésor ?

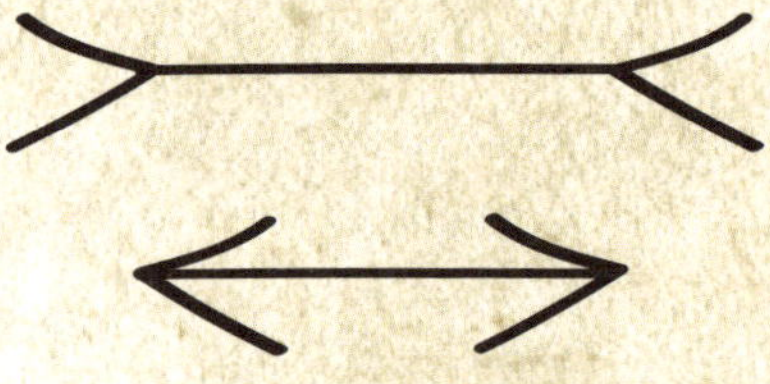

Solution p. 370

TROP DE MAISONS POUR HERLOCK SHOLMÈS

Sur la trace d'Arsène Lupin, Herlock Sholmès se livre à un examen minutieux de l'avenue Henri-Martin, pour rejoindre l'hôtel particulier où a été assassiné le baron d'Hautrec.

L'avenue est déserte et très obscure sous ses rangées d'arbres entre lesquels, de place en place, un bec de gaz semble lutter inutilement contre des épaisseurs de ténèbres. Il progresse à grandes enjambées égales et, pour se repérer, compte vingt maisons sur sa gauche. Une fois identifié l'hôtel particulier inhabité avec ses vastes fenêtres vides, il reprend le chemin en sens inverse, et compte vingt maisons sur sa droite.

Combien y avait-il de maisons en tout ?

Solution p. 370

D'ILLUSTRES PROPRIÉTAIRES

« Que dis-tu de ma petite installation, Beautrelet ? ! s'écrie Lupin. Regarde la liste de quelques personnages qui furent les propriétaires de l'Aiguille creuse, et qui mirent un point d'honneur à y laisser la marque de leur passage.

Sur les murs, les uns au-dessous des autres, ces noms sont gravés.

« César. Charlemagne. Guillaume le Conquérant. Richard, roi d'Angleterre. Louis XI. Henri IV. Louis XIV. Napoléon. Arsène Lupin. »

— Qui s'inscrira désormais ? reprend Lupin. Hélas ! La liste est close. De César à Lupin... Et puis c'est tout. Hériter d'un pareil héritage ! Après tant d'empereurs et tant de rois, habiter l'Aiguille creuse !

Au fait, Isidore, sais-tu lequel des empereurs n'avait pas le nez pointu ? »

Solution p. 370

LE CHOIX D'UNE MONTRE

« **Ganimard !**
L'inspecteur se retourne.
— Qu'y a-t-il ? demande-t-il à Lupin.
— Vous oubliez votre montre.
— Ma montre ?
— Oui, elle s'est égarée dans ma poche.
Lupin la lui rend en s'excusant.
— Pardonnez-moi... Une mauvaise habitude... Je n'ai pas de raison de vous priver de votre montre. D'autant que j'ai deux chronomètres qui satisfont pleinement à mes besoins.
Il sort deux larges montres en or, épaisses et confortables, ornées d'une lourde chaîne.
— L'une ne marche pas, et l'autre perd une minute par jour.

Laquelle préférez-vous, Ganimard ? »

Solution p. 371

ARSÈNE LUPIN PIRATE

Le port est envahi de bâtiments, yachts de plaisance, vedettes... Des hydravions filent dans le ciel.

En ce jour de Pâques, les cloches sonnent à toute volée.

Une animation extraordinaire règne le long des quais où grouille la foule... Et voilà que dans la première édition des journaux de l'après-midi paraît la note suivante, communiquée par la police :

Arsène Lupin pirate !

« La nuit dernière, le plus fameux des hors-la-loi modernes a pris à l'abordage le paquebot de M. MacAllermy. L'équipage a été désarmé et les officiers enfermés dans leur cabine.

Quel but poursuivait Arsène Lupin en attaquant le paquebot de M. MacAllermy ? Le célèbre policier français Ganimard l'ignore. »

Que voulait donc Arsène Lupin en s'emparant de ce paquebot ?

Solution p. 371

MYSTÉRIEUX MESSAGES

Boulevard Suchet, à trois reprises, au matin, trois lettres sont apparues mystérieusement sur la table du cabinet de travail de M. Fauville.

À chaque fois, cinq hommes ont veillé toute la nuit, cinq hommes qui comptent parmi les plus habiles, et pourtant, à chaque fois, une main inconnue a déposé une lettre dans une pièce aux fenêtres et aux portes barricadées, sans que le moindre bruit fût perçu, sans qu'une trace d'effraction pût être relevée aux fermetures des portes et fenêtres. Chacune des lettres contenait une feuille sur laquelle était inscrite une phrase.

Sur la première : « Élu par cette crapule. »
Sur la deuxième : « La mariée ira mal. »
Sur la troisième : « L'âme sûre ruse mal. »

— Vous avez deviné quelque chose, patron ? demande le brigadier Mazeroux. **Qu'ont ces phrases de particulier ?**

Solution p. 371

LES CARAFES DE LA CAVE À LIQUEUR

« Bizarre... Bizarre... » se dit Lupin, pensif, qui observe le manège de Prasville, en train de fouiller le cabinet de travail du député Daubrecq.

Prasville force tous les tiroirs, puis compulse tous les dossiers et extrait tous les livres de la bibliothèque avant de se tourner brusquement vers les six flacons alignés d'une cave à liqueur ancienne, qu'il examine. « Allons bon ! pense Lupin. Le voilà qui s'attaque aux carafes. Les trois premières sont pleines et les trois dernières sont vides.

En ne déplaçant qu'un seul flacon, va-t-il pouvoir faire alterner les flacons vides et les flacons pleins ? »

Solution p. 372

LA PÊCHE AU DIAMANT

Le diamant bleu qui appartenait au baron d'Hautrec a été dissimulé au fond d'un tonneau plein de rhum.

— Comment allons-nous le récupérer, patron ? demande Achille, son fidèle lieutenant. Le tonneau est plus qu'à moitié plein.
— Mais non, rétorque Lupin, il est plus qu'à moitié vide !

Comment vont-ils réussir à déterminer qui a raison, sans utiliser aucun instrument de mesure, et sans vider le tonneau de rhum ?

Solution p. 372

K
K

L'EMPEREUR ET LE SEPT DE CŒUR

Sur le mur du salon de l'hôtel particulier où réside Maurice Leblanc, une mosaïque multicolore représente un empereur couronné d'or, qui tient un glaive dans sa main gauche.
Grâce à une carte à jouer, le sept de cœur, Arsène Lupin, sous le nom de Jean Daspry, révèle la cachette des plans secrets d'un sous-marin.
— Mais comment avez-vous fait ? s'étonne Leblanc.
— J'ai deviné que pour ouvrir le coffre dissimulé, il fallait appuyer ce sept de cœur contre le glaive du bonhomme en mosaïque...
— Comment avez-vous deviné cela ?
— Observez le bonhomme en mosaïque.
— Le vieil empereur ?
— Ce vieil empereur est la représentation exacte du roi de cœur des jeux de cartes. Sept de cœur... Roi de cœur !

Et qu'a donc de spécial le roi de cœur, cher ami ?

Solution p. 372

QUI EST LE COUPABLE ?

M. Rousselain, le juge d'instruction, frappe la table de son coupe-papier, et d'une voix rauque, où frémit une grande émotion, lance à Raoul d'Averny, alias Lupin :

— Donnez-moi le nom de la personne qui a provoqué le meurtre d'Élisabeth Gaverel !

Lupin réfléchit :

— Trois hommes, Félicien Charles, Thomas Le Bouc et Jérôme Helmas ont été interrogés sur ce meurtre. L'un des trois est le coupable, le deuxième est un complice, et le troisième totalement innocent. Mais chacun d'eux a fait l'une des déclarations suivantes :

1. Félicien Charles n'est pas complice.
2. Thomas Le Bouc n'est pas le meurtrier.
3. Jérôme Helmas n'est pas l'innocent.

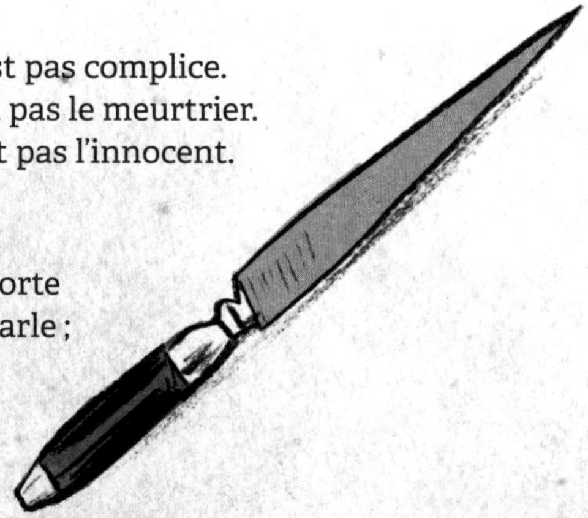

M. le juge d'instruction, sachant que :

I. Chacune des déclarations se rapporte à un autre homme que celui qui parle ;
II. L'innocent a fait au moins l'une de ces déclarations ;
III. Seul l'innocent a dit la vérité.

Lequel des trois est le coupable ?

Solution p. 373

LE SECRET DE L'ALCHIMISTE

Maître Bernard, notaire, un gros homme tout rond et cordial, aux yeux vifs, explique à Raoul d'Avenac qui était son client M. Montessieux :

— C'était un homme assez bizarre, très préoccupé par ses travaux de laboratoire et ses expériences de chimie.

— Ou plutôt d'alchimie, rectifie Raoul.

— C'est vrai, dit maître Bernard en souriant. Il prétendait même avoir découvert le grand secret. Je l'ai trouvé un jour dans une agitation extraordinaire, et il m'a montré une petite fiole en me disant d'une voix frémissante d'émotion : « Tenez, cher ami, voici l'aboutissement de mes travaux. N'est-ce pas admirable ? Ce flacon renferme un liquide si puissant qu'il dissout instantanément ce qu'il touche ! »

— Et vous l'avez cru ? s'étonne Raoul d'Avenac. Pourtant, il mentait !

Comment Raoul d'Avenac peut-il savoir que M. Montessieux mentait ?

Solution p. 374

UN MÊME TOTAL

Raoul, alias Lupin, extirpe d'une bouteille une très mince feuille de papier, roulée en tube et maintenue par un cordon rouge. L'ayant développée, il déchiffre plusieurs lignes tracées à l'encre qui composent l'addition suivante :

```
  318
  303
  300
  104
  215
 ────
 1240
```

Un mot accompagne cette addition, qui est correcte :
« Je suis formel. En recouvrant complètement un des nombres, on peut parvenir à une nouvelle addition dont le total sera toujours 1 240. Signé : Brégeac. »
— Ah ! s'exclame Lupin. Facile... Quand je commence à opérer des miracles, je ne peux plus m'arrêter. Encore un, histoire de rigoler !

Quelle solution a-t-il donc trouvée ?

Solution p. 374

GANIMARD EN FILATURE

Ce matin-là, en sortant de chez lui pour se rendre au Palais de Justice, l'inspecteur Ganimard remarque un homme qui, tous les soixante pas, se baisse sous un prétexte futile, et dépose furtivement à chaque fois sur le bord du trottoir un morceau de peau d'orange.

En dépit de la pluie qui tombe à verse, l'inspecteur décide de suivre l'individu. Au risque d'éveiller son attention, il le suit d'aussi près que possible pendant vingt minutes, sous une pluie toujours battante, jusqu'à une vieille maison dont tous les volets sont clos, sauf ceux du troisième et dernier étage. L'homme disparaît sous le porche, au fond de la cour, et l'inspecteur pénètre à sa suite sous la porte cochère. Sa redingote, son pantalon et ses chaussures sont trempés. Il avait oublié de prendre son chapeau, il n'avait pas de parapluie et ne s'est abrité sous aucun objet – un journal, par exemple. Pourtant, pas un cheveu de sa tête n'est mouillé !

Comment est-ce possible ?

Solution p. 374

LA CHUTE DE LUPIN

Lupin a décidé d'escalader la falaise de trente mètres pour atteindre le sommet du donjon de Mortepierre, qui domine la rivière.

— Quoi ! Vous voulez… C'est de la folie, patron, s'exclament ses complices. Il y a cent chances contre une pour que vous vous cassiez la tête.

— Vous voyez bien qu'il y a une chance pour que je ne me la casse pas.

— Voyons, patron…

— Assez causé, les amis.

Les préparatifs sont longs. On trouve difficilement de quoi former l'échelle de quinze mètres qui peut atteindre le premier ressaut de la falaise. On réussit enfin à dresser l'échelle, et Lupin grimpe… Mais brusquement, un faux pas, il dégringole de l'échelle, et tombe sur la rive. Pourtant, comme par miracle, il réchappe de sa chute sans une égratignure.

Comment est-ce possible ?

Solution p. 375

UNE VISITE À LA BANQUE

Raoul d'Averny passe devant la Banque des Provinces. Il doit déposer un gros chèque. Il entre, effectue son opération, puis descend dans les sous-sols de l'établissement, signe le registre et se rend à son coffre-fort pour y prendre quelques documents.
Or, tandis qu'il choisit ce dont il a besoin, il aperçoit non loin de lui un monsieur en deuil, à l'aspect vieillot et suranné d'ancien notaire de province. Raoul, alias Lupin, comprend grâce à l'employé qui l'accompagne que le monsieur est muet, aveugle et sourd. Il n'en retire pas moins d'un coffre voisin plusieurs paquets proprement enveloppés, dont il coupe les ficelles avant de compter, une par une, des liasses de 10 billets de 1 000 francs retenues par une épingle.

Combien de sens reste-t-il au vieux monsieur ?

Solution p. 375

LES PERLES DE LADY JERLAND

« **Arsène Lupin à votre bord, première classe, cheveux blonds...** »
Le message reçu par le commandant affole tous les passagers du transatlantique La Provence, qui cherchent sous quelle identité peut bien se dissimuler le gentleman cambrioleur.
C'est alors que Lady Jerland arrive en courant, bouleversée. Elle parvient à balbutier :
— Mes bijoux, mes perles !... On a tout pris !...
Mais, chose curieuse, on n'a pas tout pris, en définitive : on a choisi ! Des colliers et des bracelets brisés, on a enlevé les perles les plus fines et les plus précieuses, celles qui avaient le plus de valeur, tout en tenant le moins de place.
159 au total.
Il n'y a qu'un cri parmi les passagers : c'est Arsène Lupin !

En utilisant exactement ces 159 perles, combien Lupin peut-il faire de colliers de 17 perles et de colliers de 13 perles ?

Solution p. 375

ISIDORE BEAUTRELET

« **C'était un tout jeune homme, très grand et très mince, vêtu d'un pantalon trop court et d'une jaquette trop étroite. Il avait une figure rose de jeune fille, un front large planté de cheveux en brosse et une barbe blonde mal taillée. Ses yeux brillaient d'intelligence.** »

L'Aiguille creuse, publié en 1909.

Portrait

Ce jeune élève de rhétorique du lycée Janson-de-Sailly, transformé en détective amateur et se faisant passer pour un journaliste, va mener l'enquête de l'Aiguille creuse.
Auteur d'une monographie publiée à dix exemplaires intitulée *Arsène Lupin, sa méthode, en quoi il est classique et en quoi il est original*, c'est lui qui se lance à la poursuite du roi des cambrioleurs.
Amateur d'énigmes et de logique, il pénétrera l'intérieur du royaume invisible de Lupin, cette Aiguille creuse qui abrite le trésor des rois de France, le musée de Lupin, où trône la Joconde !

LA BICYCLETTE D'ISIDORE

Tout heureux, Isidore Beautrelet pédale à perdre haleine dans la campagne normande.
Ses jambes pèsent tour à tour d'un rythme égal et fort sur les deux pédales, sa poitrine s'ouvre largement à l'air vif qui souffle de la mer. Mais une corde tendue entre deux arbres le projette à trois mètres avec une violence inouïe. Il reste quelques secondes étourdi. Puis, tout contusionné, les genoux écorchés, il se relève.
Il redresse sa bicyclette, qu'il maintient verticalement par la selle. Celle-ci peut être poussée vers l'avant ou vers l'arrière à l'aide du guidon. Une des pédales est placée à son point le plus bas et l'autre au point le plus haut.

S'il attache une ficelle à la pédale la plus basse, et qu'il tire vers l'arrière, la bicyclette va-t-elle avancer ou reculer ?

Solution p. 376

UN LONG TRAJET

Le brigadier Béchoux appelle à l'aide Raoul d'Avenac, alias Lupin, pour résoudre les événements mystérieux qui se déroulent au manoir de La Barre-y-va, en Normandie.

Raoul d'Avenac s'y rend plusieurs fois en train, depuis sa garçonnière à Paris.

L'aller dure 1 h 20, le train roulant à 75 km/h.

Or, la durée du trajet de retour, à la même vitesse, est de 80 minutes !

Comment est-ce possible ?

Solution p. 376

UN JET DE PASTILLE

Lupin et le député Daubrecq s'affrontent en silence.
Daubrecq serre les poings, tandis que Lupin semble mesurer la taille de son adversaire, estimer sa force physique et à quel endroit précis il va l'attaquer.
Lupin porte la main à son gousset. Daubrecq en fait autant et saisit la crosse de son pistolet… quelques secondes encore… Froidement, Lupin sort une bonbonnière d'or, l'ouvre, et la tend à Daubrecq :
— Une pastille ?
— Qu'est-ce que c'est ? demande l'autre, étonné.
— Des pastilles Géraudel. Au lieu de te balancer un pruneau, je te parie que je peux jeter une pastille sur une courte distance de façon à ce qu'elle revienne sur sa trajectoire après s'être arrêtée. Tout cela sans la faire rebondir sur quoi que ce soit.
Daubrecq demeure bouche bée.
— Évidemment, dit Lupin, s'attendre à un pruneau et recevoir une pastille Géraudel… Il y a là comme une déception. Tu en restes baba, vieux chimpanzé ! **Mais tu ne m'as toujours pas dit comment je pouvais y arriver…**

Solution p. 376

LE DERNIER MESSAGE DE L'INSPECTEUR

Lupin se penche sur l'inspecteur Vérot, moribond. D'une voix très douce, il lui chuchote :

— Vous m'entendez, Vérot ? Si vous m'entendez, fermez les paupières.

Les paupières de l'inspecteur s'abaissent. Lupin continue :

— Les héritiers des sœurs Roussel sont menacés de mort, nous le savons... Le double crime doit être commis cette nuit. Mais le nom de ces héritiers nous est inconnu. Il faut nous le dire. Écoutez-moi bien. Vous avez inscrit sur un bloc-notes le message suivant : « ... Commence par la lettre E... Se termine par la lettre E... Ne contient qu'une seule lettre (pas la lettre "e")... » Que vouliez-vous dire ?

Mais la tête de l'inspecteur retombe lourdement sur sa poitrine, et il ne bouge plus. Il est mort, empoisonné.

Pouvez-vous aider Lupin à trouver la solution ?

Solution p. 376

LE FANTÔME DE LUPIN

Joséphine Balsamo s'éveille brusquement de son sommeil. Quelle est cette image déconcertante qu'il lui semble apercevoir ? Cela provient de l'alcôve voisine, garnie de rideaux d'étoffe. Or, on dirait qu'une main agite ces rideaux, bientôt suivie d'un bras, puis d'une tête. Accoutumée aux séances spirites où l'ombre dessine des fantômes, Joséphine Balsamo, terrifiée, croit voir un fantôme vêtu de blanc. Elle baisse les paupières en gémissant, puis les relève aussitôt. La lumière de la lune tombe alors par le rideau, éclairant la pendule. Elle balbutie des paroles incohérentes...

Qu'a-t-elle vu sur la pendule ?

Solution p. 377

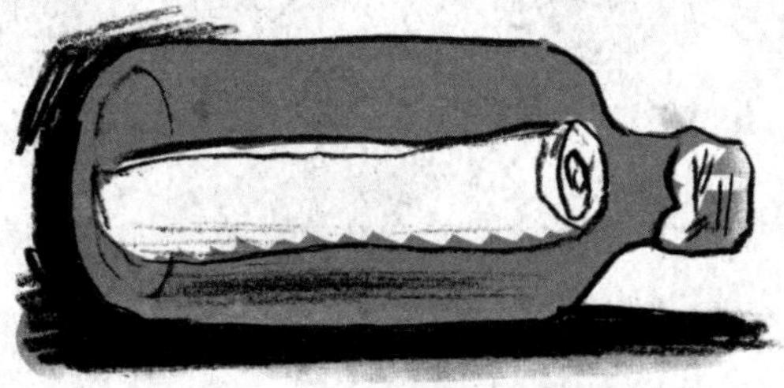

LE MESSAGE DANS LA BOUTEILLE

L'inspecteur Marescal sort une bouteille de son carton, sûr qu'il tient là une preuve contre Lupin.

— Un vrai trésor, cette bouteille ! La voici, avec son étiquette et la formule d'une eau quelconque… Regarde bien, Lupin, tu l'as munie d'un bouchon et cachetée de cire rouge. Regarde bien… On voit un rouleau de papier à l'intérieur, suspendu par un fil. Je suis certain que c'est un aveu… une pièce compromettante pour toi !

— C'est l'occasion de rigoler un brin, rétorque Lupin. **Comment vas-tu faire tomber le papier au fond de la bouteille sans toucher ni à la bouteille, ni au bouchon, Marescal ?**

Solution p. 377

QUI A TIRÉ ?

Au bord du grand lac du Vésinet, si pittoresque avec son île amarrée par un pont de bois, un homme fringant, de taille mince, vêtu d'un costume gris et, sous le bras, un chapeau mou, regagne sa villa du Clair-Logis.

Il s'apprête à suspendre son chapeau dans l'entrée quand sa femme crie : « Non, Félicien, ne fais pas ça ! »

Un coup de feu claque alors, et la jeune femme blonde s'écroule, tuée sur le coup.

Un médecin, un juge et un agent de police sont présents à côté d'elle. L'homme au costume gris, le mari, a immédiatement compris que le coupable était l'agent de police.

Comment est-ce possible ?

Solution p. 377

LA TERREUR DE SIMÉON

Le vieux Siméon Diodokis reconnaît son ennemi sous les traits du docteur Géradec et murmure avec une terreur indicible :
— Arsène Lupin... Arsène Lupin...
— Tu l'as dit, bouffi !
Lupin se plante devant le vieillard et lui dit :
— Eh bien, tu es prêt ? **Es-tu capable d'écrire cinq chiffres impairs dont la somme est quatorze ?**

Solution p. 378

LA VALEUR DES BOUCHONS

Arsène Lupin est très surpris.

Les bouchons qu'il a entre les mains sont de simples bouchons de carafe, de petits bouchons en cristal comme on en met aux flacons destinés aux liqueurs. Ils n'ont rien de particulier. Tout au plus observe-t-il que les têtes aux multiples facettes sont dorées.

« Et c'est pour ces morceaux de verre que Gilbert et Vauchelay ont tué un domestique ? Voilà pourquoi ils se sont battus, pourquoi ils ont perdu leur temps, pourquoi ils ont risqué la prison... les assises... l'échafaud ?... Bigre, c'est tout de même cocasse !... »

Quelle est donc la valeur de chacun des bouchons de cristal représentés ci-dessous, sachant qu'elle est identique pour chacun d'entre eux ?

5 + bouchon + bouchon + bouchon = bouchon + 10 + bouchon

Solution p. 378

UN PROBLÈME DE COIFFEUR

« **À l'heure actuelle, je suis débordé de besogne, confie Lupin à Achille.** Un cambriolage à Londres, un autre à Lausanne, une substitution d'enfant à Marseille, le sauvetage d'une jeune fille autour de qui rôde la mort, tout me tombe à la fois sur les bras. Rends-toi compte, je n'ai même pas eu le temps de me faire couper les cheveux et tailler la moustache ! Connaîtrais-tu un bon coiffeur et barbier dans le quartier ? »

Achille réfléchit :

— Il n'y en a que deux. L'un a les cheveux et la barbe impeccablement taillés et l'autre... ma foi, il a toujours l'air de s'être fait couper les cheveux à la serpe. Chez lequel préférez-vous que je prenne rendez-vous, patron ? »

Lupin réfléchit.

À votre avis, chez qui doit-il aller ?

Solution p. 378

TROP HAUT

Le banquier Angelmann a fait vider tous les coffres de sa propre banque et cambriolé Arsène Lupin !

Mais celui-ci, avec ses quatre hommes, a réussi à rattraper le camion contenant toute sa fortune, qui roulait vers le château du banquier. Après avoir fait demi-tour pour regagner l'hôtel particulier de Lupin, ils se retrouvent brusquement coincés sous une passerelle, car le camion est trop haut de quelques centimètres. Un peu plus bas dans la rue, ils avisent l'enseigne d'un garage.

— Patron, allons demander de l'aide là-bas ! crie Gaston, qui se précipite.

Mais Lupin le retient :

— Attends, j'ai la solution !

Cinq minutes plus tard, Lupin et sa bande sont repartis à toute vitesse.

Comment ont-ils fait ?

Solution p. 378

SOLUTIONS

LE BALLET DES STYLETS

Page 10

En croisant les lames des stylets les unes sous les autres, et en faisant reposer les manches sur chaque verre, les trois stylets demeureront suspendus dans les airs.

AU SOMMET DE LA FALAISE

Page 12

L'un ou l'autre, tout dépend de la façon dont vous voyez les falaises.

UN SENS INTERDIT

Page 13

En dépit de son uniforme de chauffeur, Grognard remontait tranquillement la rue à pied, sur le trottoir...

LIGNE DE FUITE

Page 15

La longueur de deux tunnels est identique… Arsène Lupin ne doit pas se laisser abuser par l'illusion d'optique des angles du jardin.

UN PLONGEON

Page 16

Il se mouille ! (Et, rassurez-vous, il survit et s'engage dans la Légion étrangère.)

LES MÉGOTS DE DÉSIRÉ BAUDRU

Page 18

Le clochard Désiré Baudru fait huit cigarettes, qu'il fume, ce qui lui donne huit autres mégots, dont il tire deux autres cigarettes, ce qui lui fait un total de dix.

UNE QUESTION D'ADRESSE

Page 19

Arsène Lupin doit tirer en l'air.

S'il tire en l'air, c'est ensuite le tour du comte Amalti. Le comte Amalti va plutôt tirer sur le comte Malonesco que sur Arsène Lupin, car il est plus adroit.

Si le comte Amalti tue le comte Malonesco, il ne reste plus qu'Arsène Lupin et le comte Amalti, ce qui laisse à Arsène Lupin une bonne chance de gagner.

Si le comte Amalti ne tue pas le comte Malonesco, c'est au tour de celui-ci de tirer. Il préférera tirer sur le comte Amalti et le tuera immanquablement.

Même si, maintenant, il ne reste plus qu'Arsène Lupin contre le comte Malonesco, Lupin conserve une plus grande chance de gagner.

À TOUTE VITESSE

Page 21

Arsène Lupin, alias Don Luis Perenna, conduisait en marche arrière...

COMBIEN DE PASSANTS ?

Page 22

Raoul et Marescal ont compté le même nombre de passants. Marescal, qui remonte et redescend le boulevard, croisera des passants plus tôt, puisqu'il s'approche d'eux, et d'autres plus tard, puisqu'il s'éloigne d'eux, mais le temps qu'il revienne vers Raoul de Limézy, tous ceux qui sont passés devant celui-ci seront également passés devant l'inspecteur.

UNE MALLE BIEN REMPLIE

Page 23

— Voilà un colis qui ferait le tour du monde ! remarque Lupin.

Bien entendu, Grognard doit emporter la malle à la poste, pour l'expédier à Monte-Carlo.

LE PASSAGE DE LA FRONTIÈRE

Page 25

Les douaniers n'ont pas remarqué que Paul Delroze change chaque jour de vélo et passe en contrebande des bicyclettes...

LE FRÈRE DANS LA LIMOUSINE

Page 27

« C'est un mystère pour enfants en nourrice, écrit Lupin dans un télégramme expédié aux journaux. Les trois Russes sont trois sœurs, évidemment. »

UNE DRÔLE DE MOITIÉ

Page 28

Raoul écrit douze en chiffres romains : XII.

Ensuite, il divise le nombre en traçant une ligne horizontale au milieu : la partie supérieure forme un sept (VII).

LES DEUX EXPRESS

Page 31

Le vent souffle en fortes rafales. Un des trains roule à toute vitesse, l'autre roule doucement. La vitesse rabat le panache de fumée de l'une, tandis que le vent pousse vers l'avant le panache de l'autre.

LE MESSAGE DE LA MORTE

Page 32

Si elle s'était suicidée, comment la comtesse aurait-elle pu relever le bras du graphophone ?

UNE QUESTION DE POINTS

Page 34

— Dieu, que je suis bête ! Mais oui, nous y sommes ! s'exclame Lupin, qui trace ainsi l'unique solution :

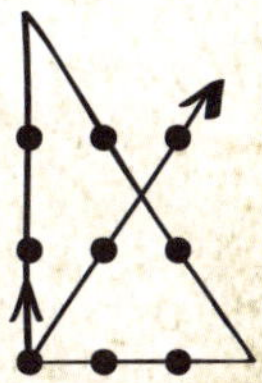

DRÔLE DE NUMÉRO

Page 35

Don Luis Perenna, alias Lupin, formule simplement d'un ton sentencieux :

— Un imbécile et toi, ça fait deux imbéciles ! Tu te moques de moi...

Si je suis liste rouge, je ne suis pas dans l'annuaire.

OÙ EST ÉLISABETH ?

Page 36

Il s'agit, non pas de la femme du lieutenant, mais de la lettre N.

LE TRÉSOR DE LUPIN

Page 38

De la table de multiplication, pardi !

LES SPHÈRES DE LA CASSETTE

Page 39

Voici les six sphères qui peuvent être retirées
sans que les autres ne roulent
dans la cassette d'ébène.

LA BELLE DOLORÈS

Page 41

Dolorès espérait que l'inconnu reviendrait assister aux funérailles de sa sœur… Mais cet homme, Arsène Lupin, sait que la jeune femme est folle. Folle étrange, folle avec toute l'apparence de la raison, mais folle cependant, déséquilibrée, malade, vraiment monstrueuse. En parfaite psychopathe, elle tue parce qu'elle veut quelque chose, elle tue pour se défendre, elle tue pour cacher qu'elle a tué.

LA DEMEURE MYSTÉRIEUSE

Page 42

En multipliant les deux premiers chiffres, puis en soustrayant le troisième, le résultat est toujours 20. Le chiffre manquant est donc un 3.

L'HOSPITALITÉ DU COLONEL

Page 44

L'énoncé est en réalité trompeur…

Le véritable onzième invité reste sans lit. Le dixième invité ayant pris possession du neuvième lit, le onzième invité devrait occuper le dixième lit… Mais ce n'est pas possible. L'invité qui dort à deux dans le premier lit et que le colonel appelle n'est pas le onzième homme, mais le deuxième, et le véritable onzième invité reste toujours… sans lit !

LE REFLET DE LUPIN

Page 45

Aucun. La pièce, munie de rideaux épais qui voilent les fenêtres de haut en bas, est plongée dans le noir. Lupin ne peut donc pas observer son reflet dans les miroirs.

LES GRANDS MOYENS

Page 46

Lupin dispose une des planches en coin dans l'un des angles du fossé, ce qui réduit la largeur à moins de 5 mètres pour placer la seconde planche, et lui permet de franchir les douves.

UN CADEAU À L'INSPECTEUR

Page 49

Sa parole, pardi !

SEPT LETTRES

Page 50

Une seule ! La réponse est indépendante du nombre de lettres et d'enveloppes.

LA FENÊTRE DU BOUDOIR

Page 51

La fenêtre du boudoir de Mme d'Imblevalle était en forme de losange. En l'agrandissant pour former un carré, sa surface a été exactement doublée, sans que ni sa hauteur ni sa largeur n'aient été augmentées. Sans doute encore un tour d'Arsène Lupin…

UNE PROMENADE DANS L'ÎLE SAINT-LOUIS

Page 52

Geneviève est la mère du neveu d'Hortense.

LES MAISONS DE L'ARCHITECTE

Page 54

Herlock Sholmès tente de faire croire à Lupin qu'il connaît davantage de maisons qu'il ne veut bien l'admettre, car les deux lignes sont en réalité identiques et les numéros manquants sont 25/23.

QUI A RAISON ?

Page 55

Lupin a inscrit l'équation suivante :

I + IX = X

Mais lue à l'envers, celle-ci devient : X = XI + I, ce qui est faux.

Lupin et le comte de Waldemar ont donc tous les deux raison.

LE MYSTÈRE DE LA CHAPELLE

Page 57

Non, Lupin a été trompé par l'illusion d'optique. Les deux morceaux de l'ogive se rejoignent, mais l'oriflamme est décentrée sur la gauche.

L'ADRESSE D'HERLOCK SHOLMÈS

Page 59

La lettre « N ».

LE PROTÉGÉ DE DOROTHÉE

Page 60

Parce qu'il est trop petit pour atteindre les boutons supérieurs.

L'ÂGE DE LA COMTESSE

Page 63

18 ans.

UNE CACHETTE POUR LE COLLIER

Page 64

Selon que vous focalisez le regard sur la zone blanche ou sur la zone noire, vous distinguerez soit deux visages, soit un vase.

LE RÈGLEMENT EST LE RÈGLEMENT

Page 65

Il place le fusil sur un tableau pour faire un paquet rectangulaire de deux mètres de long sur au moins 1,14 m de large, de façon à ce que le fusil repose en diagonale à travers le paquet, qui obéit maintenant à la réglementation de la compagnie de chemin de fer.

FILIATION

Page 66

D'Henriette d'Andrésy, la mère d'Arsène Lupin.

La belle-mère du gendre de Lupin est sa propre femme, et la belle-mère de celle-ci est sa mère.

LES BARREAUX DE LA TOUR

Page 68

Lupin va mettre neuf minutes à scier le barreau, car il doit couper celui-ci neuf fois pour avoir dix morceaux (y compris les deux extrémités, qui restent scellées de chaque côté !)

LE MYSTÈRE DES SEPT TRIANGLES

Page 69

Don Luis Perenna retire les allumettes marquées par des pointillés
Il reste alors trois petits triangles.
La figure d'origine comporte treize triangles.

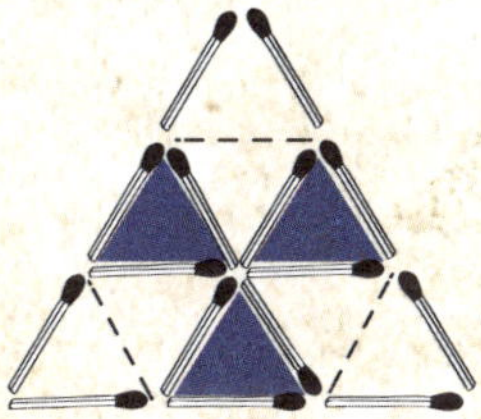

LA FEMME DE L'INSPECTEUR

Page 71

Eh bien, c'est très simple : elle se tient au centre de la terre…

LE JOUR DU MARIAGE

Page 72

Dimanche est le jour du mariage proposé par le jeune Raoul, alias Lupin.

SHOLMÈS RÉSOUT UNE ÉNIGME

Page 74

L M M J V S D, car Herlock Sholmès a compris qu'il s'agissait des jours de la semaine : lundi, mardi, mercredi, jeudi, vendredi, samedi, dimanche.

LES DÉS DU GRAND PAUL

Page 75

Sachant que le total des faces opposées d'un dé est toujours 7, Lupin en conclut que les chiffres manquants sur les faces supérieures sont respectivement, de gauche à droite, 5, 1 et 3. Et les chiffres manquants sur le devant sont, de gauche à droite, 4, 2 et 1.

UNE LETTRE POUR LE BARON

Page 76

Vendredi.

LES DANGERS DE LA SOLITUDE

Page 78

Gaston Bricou est gardien du phare qui domine la baie de Tancarville. Il a éteint le phare et provoqué un naufrage.

MON PETIT LUPIN

Page 79

En utilisant les fractions : 99 + 9/9 = 100

LE PIÈGE DE L'INSPECTEUR

Page 81

Aucun, puisque la fosse est vide !

LE WHISKY DU DÉTECTIVE

Page 82

La question d'Herlock Sholmès est un pangramme, c'est-à-dire une phrase comportant toutes les lettres de l'alphabet.

LE CAUCHEMAR DE LA COMTESSE D'ORIGNY

Page 84

Si Yvonne d'Origny est morte sur le coup, comment a-t-elle pu raconter son rêve à son mari ?

L'ÉVASION DE LUPIN

Page 85

Seules deux cellules comportent un nombre impair de portes. Pour ne franchir chaque porte qu'une seule fois, il est impératif de partir d'une de ces cellules pour aboutir à l'autre. L'itinéraire doit donc démarrer à la cellule extérieure impaire, et Lupin se trouve dans l'autre cellule impaire.

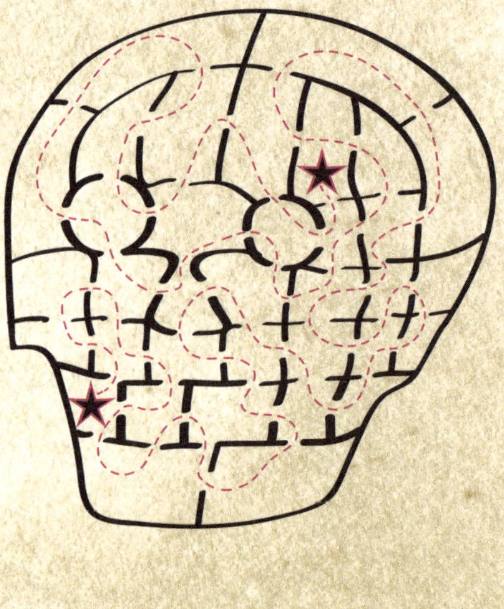

UN CARTON À CHAPEAU

Page 86

C et D.

THÉ OU CAFÉ ?

Page 89

Les deux sont identiques !
Une fois l'échange effectué, la quantité de liquide est la même dans les deux tasses, puisque Jeanne a à chaque fois mélangé une cuillerée. Le thé manquant est maintenant dans la tasse de café. Et inversement, la quantité de café retirée se trouve dans la tasse de thé.

LA DISPARITION DE LA CHAMBRE À COUCHER

Page 90

L'employé de l'hôtel ne peut pas être Honoré Massol.
Il s'agit donc, soit de Gaston Delivet, soit de Victor Hautin.
Puisque Gaston Delivet a fait de la prison avec le grand individu,
Lupin sait donc que l'employé de l'hôtel doit être Victor Hautin.
Puisque Victor Hautin n'a pas de casier criminel et
que le grand individu en a un, celui-ci doit être Honoré Massol.

LA VALEUR N'ATTEND POINT LE NOMBRE DES ANNÉES

Page 92

Le clou n'a pas bougé, car les arbres poussent en hauteur,
à partir de la cime.

UNE MYSTÉRIEUSE CARTE DE VISITE

Page 94

Chaque symbole représente en réalité les chiffres de 1 à 3 avec leur symétrique vertical. Le chiffre manquant, représenté symétriquement, est donc le 4.

UN DÎNER DANS L'AIGUILLE CREUSE

Page 95

Isidore Beautrelet a calculé que le nombre de permutations possibles est égal à : 2 × 3 × 4 × 5 × 6 × 7 × 8 = 40 320.
Les huit convives devraient donc dîner ensemble pendant 40 320 jours, soit 110 ans et 142 jours.
Même pour Arsène Lupin, la tâche est insurmontable !

UN BAL BIEN FRÉQUENTÉ

Page 97

Il y avait dix-huit dames... et donc, vingt-quatre hommes.

LA LAMPE DU CABINET DE TRAVAIL

Page 98

Lupin enclenche le premier interrupteur. Il actionne ensuite le deuxième interrupteur quelques secondes, puis l'éteint. Ensuite, il se rend dans son cabinet de travail. Si la lampe de son bureau est allumée, il s'agissait du premier interrupteur. Si l'ampoule est éteinte, mais chaude, c'était le deuxième. Si la lampe est froide, alors il doit enclencher le troisième interrupteur.

L'ÉNIGME DE L'ÎLE

Page 100

Je suis le chien Tout-Va-Bien, et je la suis partout, pour veiller sur elle...

CHACUN SON MESSAGER

Page 102

La vitesse des messagers est respectivement de 250/7 et 250/9. La vitesse à laquelle ils se rapprochent l'un de l'autre est donc de 250 (1/7 + 1/9) = 250 × 16/63. Ils se croiseront dans 63/16 = 3,9375 jours.

LA QUESTION DE THOMAS LE BOUC

Page 103

L'individu blafard prend Thomas Le Bouc à son propre jeu et répond :

— Il suffit de retourner uniquement deux cartes. La première carte présente une voyelle : je dois donc vérifier qu'elle a un chiffre pair au revers. La troisième carte affiche un chiffre impair : si la lettre de l'autre côté était une voyelle, cela contredirait votre affirmation. Je dois donc vérifier également celle-là. Aucune des autres cartes ne peut d'une façon ou d'une autre influer sur votre assertion.

ARSÈNE LUPIN ÉTUDIANT

Page 104

RIEN.

RIEN n'est mieux que Dieu.

RIEN n'est pire que le diable.

Les pauvres n'ont RIEN.

Les riches n'ont besoin de RIEN.

Si on mange RIEN, on meurt.

LES MAILLONS DU LUSTRE

Page 107

— Bigre ! Elle est facile, celle-là, répond Jean d'Enneris, alias Lupin. Il t'a suffi de couper les trois maillons de la même chaînette et de faire souder les quatre autres avec… soit 30 francs.

LES ÉQUATIONS DE MONTESSIEUX

Page 108

(1 + 1 + 1)!

2 + 2 +2

3 × 3 - 3

4 + 4 - √4

5 + 5 / 5

6 - 6 + 6

7 - 7 / 7

8- √ (√(8 + 8))

(√9 × √9) - √9

(0 ! + 0! + 0!)!

LA BOUGIE INVISIBLE

Page 109

Sholmès place la bougie sur la tête de Wilson, qui ne peut pas la voir.

LA MAGIE DU GRAND BASSIN

Page 111

En agrandissant suivant les pointillés, Lupin double la surface du bassin sans toucher aux arbres.

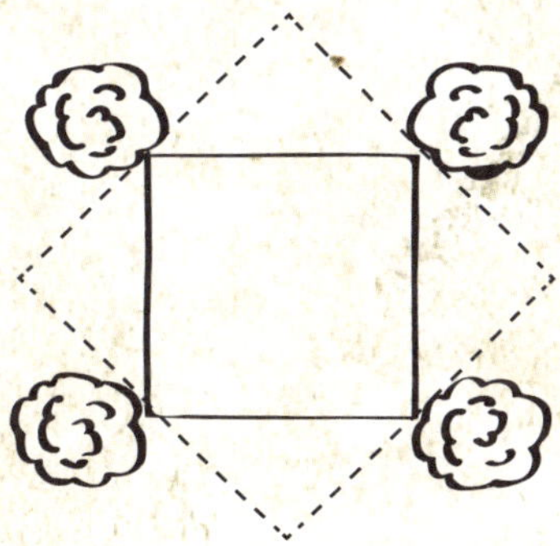

UNE QUESTION DE LUPIN

Page 112

Le mot « oiseaux ».

Aucune des sept lettres qui le composent ne se prononce : O I S E A U X.

UN JEU DE HASARD

Page 115

Si Raoul, alias Lupin, est tenté de répondre 1/4, il a alors 2 chances sur 4 de choisir cette réponse, c'est-à-dire 1/2. Ce qui est contradictoire : la réponse ne peut pas être 1/4.

Si sa réponse est 1/2 ou 1, il a 1 chance sur 4 de choisir la bonne réponse, c'est-à-dire 1/4. Nouvelle contradiction : la réponse ne peut donc pas être 1/2, ni 1.

Aucune des options proposées n'est bonne. La probabilité que Raoul choisisse au hasard la réponse correcte est donc de 0 % !

QUI ?

Page 117

Le coupable ne peut être que Mme Fauville. Car si elle dormait à poings fermés, comment sait-elle ce que faisaient tous les autres ?

CE N'EST POURTANT PAS DIFFICILE

Page 118

— Parce que « pourtant » commence par un « P », va, ballot ! explique le vicomte Raoul d'Avenac, alias Lupin, à Béchoux, confondu.

— Mais qu'est-ce qu'il t'a fallu pour trouver ?

— Presque rien.

— Quoi ?

— Du génie.

LE RECTANGLE QUI MÈNE À L'AIGUILLE

Page 120

En reconstituant ainsi un rectangle complet,
Isidore Beautrelet repère une ouverture, comme une fenêtre
dans la grotte, qui va lui donner la clé de l'énigme.

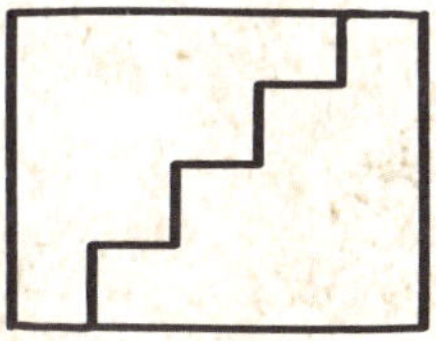

LES ORANGERS DE SAREK

Page 121

À cause de tous les « os »
qui y sont « rangés »...

LES BONNES ŒUVRES DU COLONEL

Page 123

Le colonel Sparmiento était milliardaire, mais il a tellement perdu avec ses bonnes œuvres qu'il n'est plus que millionnaire...

L'ESCALIER DU JARDIN

Page 124

Cet escalier est un objet impossible, créé en 1958 par Lionel Penrose et utilisé plus tard par l'artiste Escher.

LA DAME À LA HACHE

Page 126

Le chiffre des unités correspond au nombre des consonnes formant le prénom et le chiffre des dizaines correspond au nombre de voyelles.

UNE ANNÉE TRÈS SPÉCIALE

Page 127

Cette année-là débutait un vendredi et s'achevait un samedi.

DES FAUVES AFFAMÉS

Page 128

En tout cas, le mathématicien Fibonnaci, lui, trouva la réponse suivante : en soixante heures, la tigresse dévorera quinze moutons, le léopard en mangera douze et l'ours dix, ce qui porte le total à trente-sept moutons. Ils dévoreront donc un mouton en 60/37 = 1 h 62.

UNE DÉMONSTRATION DE PERENNA

Page 130

Don Luis Perenna prend une noix dans le compotier de fruits, qu'il casse et dont il retire les cerneaux, qu'il mange ensuite.

DES CROIX GRECQUES

Page 131

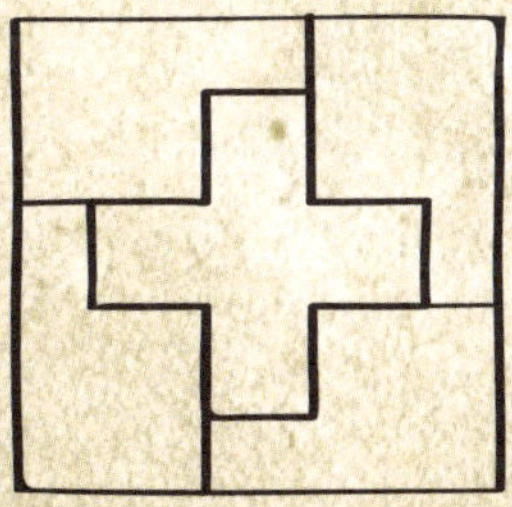

AU FOND DU PUITS

Page 133

— ... Il n'y a pas qu'une façon de marcher.
On n'avance pas toujours en marchant devant soi, explique Rénine.

— De quelle autre manière peut-on avancer ?

— En reculant, monsieur le substitut.

Ainsi Rénine explique-t-il que Mathias de Gorne a organisé l'apparence de son assassinat et de sa chute au fond du puits, en s'éloignant à reculons, pas à pas...

UN PROBLÈME D'IDENTITÉ

Page 134

— Moi, pardi ! réplique le chevalier, alias Raoul, alias Lupin.

UN BAR LOUCHE

Page 135

Le poison se trouvait dans les glaçons. Le Grand Paul a bu son Picon Bière d'un trait sans laisser fondre les glaçons et sans y toucher.

L'ENTRÉE DU CASINO BLEU

Page 136

« 4 », c'est-à-dire le nombre de lettres que comporte le chiffre « 7 ».

LE SECRET DE LA PIERRE-DIEU

Page 138

Le trou intérieur va s'agrandir,
car les proportions demeurent les mêmes.

LA TOUR DU DÉPUTÉ

Page 139

En lisant la suite de cette façon :

Un

Un 1

Deux 1

Un 2, un 1

Un 1, un 2, deux 1

le nombre qui suit sera :

1113213211

LUPIN PRISONNIER

Page 141

Quatre.

LUPIN DÉMASQUÉ

Page 142

Le mystérieux L. M. l'affirme :

— Une seule preuve suffira :
Paul Sernine est l'anagramme d'Arsène Lupin.
Ce sont les mêmes lettres.
Il n'y en a pas une de plus, pas une de moins.

D'UNE CLARTÉ AVEUGLANTE

Page 145

Horace Velmont, alias Lupin, a tout de suite compris que A B D C D signifiait « abbé décédé ».
Il faut donc chercher la tombe de l'abbé...

BRIC-À-BRAC

Page 147

40 francs.

À chaque fois, le brocanteur a fait un bénéfice de 20 francs. Même s'il s'agissait du même objet, les deux transactions étaient différentes.

UNE ÉVASION FRUCTUEUSE

Page 148

Le garçon de café a perdu 20 francs : les 15 francs du café et des cigarettes + les 5 francs rendus à Lupin.

L'ÉNIGME DU 19

Page 150

En l'écrivant en chiffres romains !

XIX - I = XX

L'ÉCHELLE DE LA BELLE-HÉLÈNE

Page 151

La péniche flottant à la surface de l'eau, elle monte en même temps que la marée et le nombre d'échelons hors de l'eau sera donc toujours identique.

UNE QUESTION SANS RÉPONSE

Page 153

La question de Lupin était : « Allez-vous me répondre non ? »

UNE BOÎTE RÉCALCITRANTE

Page 154

En ouvrant légèrement la boîte au préalable, d'environ deux ou trois centimètres, lorsque Sholmès la laissera tomber, celle-ci se posera droite sur la table, sans verser sur le côté, car grâce au frottement, elle se sera refermée.

ROUTE DE LA RÉVOLTE

Page 156

— Le papetier, pardi ! s'exclame Doudeville.

LE SECRET DE LA DEMOISELLE AUX YEUX VERTS

Page 157

— C'est d'une simplicité enfantine ! s'exclame Lupin. Le secret est : 1–10. En ajoutant un 0 à 1 on obtient 10. Et le tout est un « indice ».

LE MYSTÈRE DES DEUX FRÈRES

Page 159

Au moment où il est décédé, Alfred Varin n'avait pas encore de frère. Étienne Varin est né plus tard…

LUPIN DICTE SES MÉMOIRES

Page 160

« Mal », bien sûr !

LE MAÎTRE D'HÔTEL DÉMASQUÉ

Page 162

Lupin a placé dans la main gauche du maître d'hôtel le coude droit de celui-ci, qu'il ne peut évidemment pas prendre dans sa main droite.

LES PIERRERIES DE L'ACTRICE

Page 163

Brigitte Rousselin possède trois bijoux : un rubis rouge, une émeraude verte et un diamant blanc.

UNE COURSE À LA MORT

Page 165

Au carrefour, les quatre voitures ont tourné à droite.

LES ALLUMETTES DU COMMISSAIRE

Page 166

L'inconnu, qui n'est autre que Lupin, sous l'alias de Raoul de Limézy, a bien entendu trouvé. Il s'est contenté de tirer légèrement l'une des allumettes pour former un petit carré au milieu.

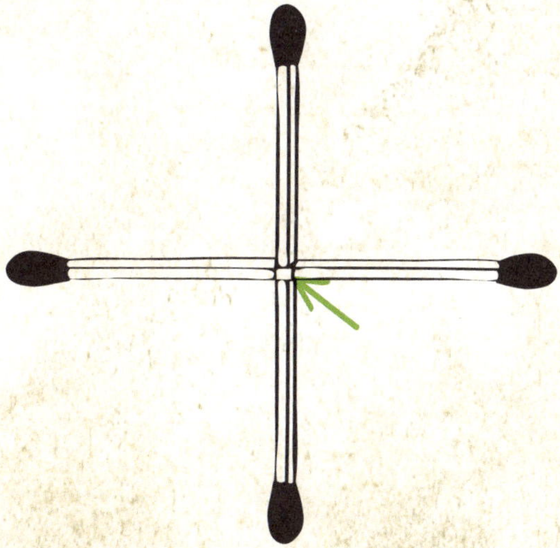

À L'HÔTEL CAMBRIDGE

Page 167

L'inspecteur va devoir examiner 19 chambres, car de 1 à 100, le 9 est utilisé 10 fois comme unité (9, 19, 29, etc.) et 10 fois comme dizaine (90, 91, 92, etc.). Mais la chambre 99 ne peut être inspectée qu'une seule fois !

LA TRAVERSÉE DU PONT

Page 169

Raoul et le n° 2 commencent par traverser : 2 minutes.

Raoul rapporte la torche : 3 minutes.

Le n° 5 et le n° 10 traversent le pont : 13 minutes.

Le n° 2 rapporte la torche : 15 minutes.

Raoul et le n° 2 traversent le pont : 17 minutes.

LA CONDAMNATION D'ARSÈNE LUPIN

Page 170

Lupin a annoncé au juge d'instruction :
« Vous allez me condamner à six ans. »

Si l'affirmation était vraie, il devrait être condamné à quatre ans, ce qui la rendrait alors fausse. Dans ce cas, il devrait être condamné à six ans, ce qui rendrait son affirmation vraie. Plutôt que d'avoir à se contredire, Jules Bouvier a décidé de remettre en liberté le gentleman cambrioleur.

LE NUMÉRO DE LA PLACE

Page 172

Le numéro est 87. Il lui a suffi d'inverser ce qu'il voyait.

SUR LE MIROIR DE LA COMTESSE

Page 175

La lettre « M ».

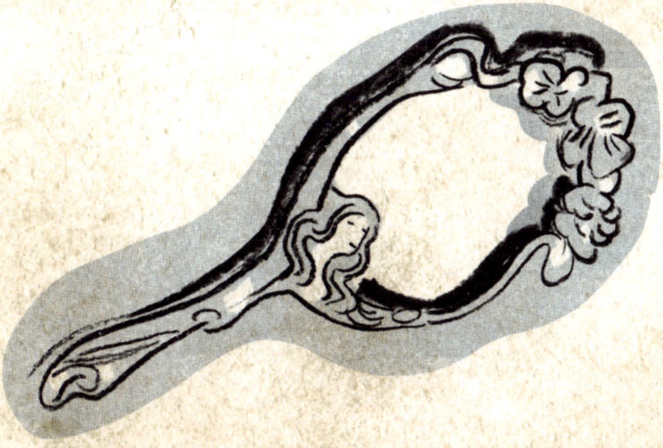

LE DÉFI À L'ILLUSIONNISTE

Page 176

Lupin a rempli un verre d'eau qu'il a posé sur sa tête pendant vingt minutes.

AU FOND DU VERRE

Page 177

Il faut déplacer l'allumette horizontale, puis l'allumette verticale de gauche.

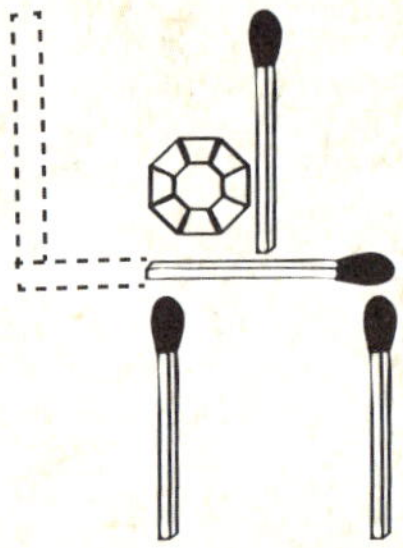

LES COLLIERS DU MARQUIS

Page 179

Il a retourné la boîte et fait glisser le couvercle juste assez pour faire tomber les colliers.

SUIVEZ LA FLÈCHE

Page 180

Le point est exactement au centre, même s'il paraît déporté sur la gauche.

LA ROUTE DES MOINES

Page 181

Lorsqu'ils se sont croisés, les deux groupes de moines étaient à égale distance de B.

LES CŒURS DE LUPIN

Page 183

Il en reste trois, mais Lupin en a deux, puisqu'il en a pris deux !

TIR AU PISTOLET

Page 185

En accrochant son chapeau au canon de son pistolet !

ÉNIGME AU SOMMET

Page 186

Lupin s'est emparé d'un papier et d'un crayon et il a tracé un tableau de cinq colonnes pour les cinq maisons, cinq lignes pour la couleur, la nationalité, la boisson, les cigarettes et enfin les animaux. Ensuite, il a rempli les 25 cases… Et la solution était au bout !

Maison	1	2	3	4	5
Couleur	Jaune	Bleu	Rouge	Vert	Blanc
Nationalité	Norvégien	Danois	Anglais	Allemand	Suédois
Cigarettes	Dunhill	Blend	Pall Mall	Prince	Bluemaster
Boisson	Eau	Thé	Lait	Café	Bière
Animal	Chats	Cheval	Oiseaux	Poisson	Chiens

UN PROBLÈME DE LANGUE

Page 187

30 % des habitants parlent les deux langues.

LES AIGUILLES DE L'HORLOGE

Page 189

Si on ne compte pas deux fois 12 heures, elles se croisent 11 fois : à 12 h, 1 h 05, 2 h 10, 3 h 16, 4 h 21, 5 h 27, 6 h 32, 7 h 38, 8 h 43, 9 h 49, 10 h 54.

LE CODE DU COFFRE

Page 190

6313.

LA COURSE DU RAT

Page 192

Le rat de bibliothèque a parcouru 40 centimètres. Sur les volumes alignés devant le brigadier, la couverture du premier volume est à sa droite et le dos du dernier volume à sa gauche. Le rat a parcouru la distance indiquée sur le dessin.

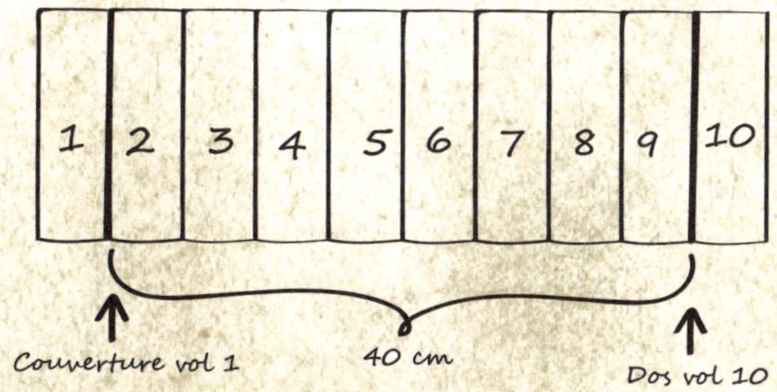

GORGERET MENACE LUPIN

Page 193

La fuite.

LE RETOUR DE LA BELLE CATHERINE

Page 194

Une allumette, bien sûr...

DANS LA CABINE DE BAIN

Page 197

À en croire son mot d'adieu, M. d'Imbreval a décidé de se suicider après s'être promené une heure sur la plage.
Dans ce cas, comment a-t-il pu dactylographier ce mot, alors que la cabine de bain est vide, sans aucune trace d'une machine à écrire ?

PAULE LA PÉCHERESSE

Page 198

Il s'agit de l'anagramme d'« Arsène Lupin », bien sûr !

LES CARRÉS DE L'INSPECTEUR

Page 200

Lupin a bien entendu trouvé comment faire quatre petits carrés et un grand carré.

DES PERLES

Page 201

Il ajoute un « S » devant le « IX », ce qui fait « SIX ».

LES JEUX DU SOLEIL

Page 203

Chaque faute d'orthographe du message de M. Lavernoux correspond à une lettre, dont la suite forme le nom du cheval du baron : ETNA, qui constitue le mot de passe du coffre-fort.

LA PROPRIÉTÉ D'ARSÈNE

Page 204

De son nom.

LA MAFIA CONTRE LUPIN

Page 205

La quantité de lingots est comprise entre 500 et 1 000. C'est un multiple de 7 et un multiple de 4, 5 et 6 + 1. Le plus petit commun multiple de 4, 5 et 6 est 60. Les multiples de 60 compris entre 500 et 1 000 sont 540, 600, 660, 720, 780, 840, 900, 960. En ajoutant 1 à chacun des nombres, il n'y a que 721 qui soit multiple de 7. Arsène Lupin a donc 721 lingots.

UN MESSAGE CHIFFRÉ

Page 206

Il s'agit d'un appel au secours, car 101 × 5 = 505, soit « SOS ».

UNE AIDE POUR LUPIN

Page 209

Le calendrier.

LE COFFRE DU BARON

Page 210

Inutile pour Lupin de menacer le baron, car celui-ci lui a donné la combinaison : « différente ».

UN HEXAGONE CUBIQUE

Page 211

— Tout est une question de perspective, Marescal !
La ligne formée par les deux allumettes supplémentaires permet de voir les deux faces dressées d'un cube.

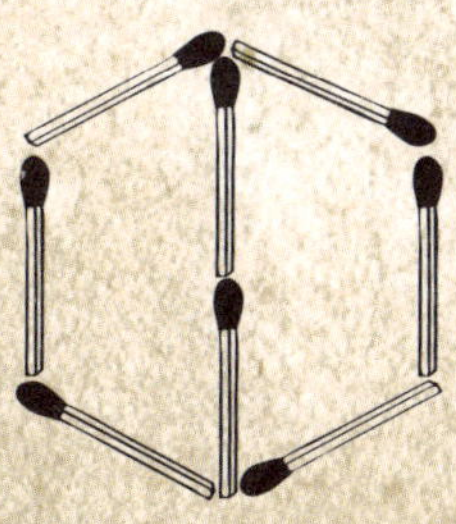

UNE QUESTION D'HERLOCK SHOLMÈS

Page 212

— Enfantin ! murmure Arsène Lupin. Un œuf !

LES MOINES AUTOUR DU CLOÎTRE

Page 214

Il faut placer deux moines dans chaque cellule d'angle,
en laissant
la cellule du milieu vide.

EN DROITE LIGNE

Page 217

Le matin, il s'est lancé vers Lyon
en partant de Marseille, et non de Paris.
Il a donc roulé toute la journée dans la même direction.

LE TESTAMENT DE M. MONTESSIEUX

Page 218

528 947 631 contient les chiffres 1 à 9 par ordre alphabétique.

Cinq, Deux, Huit, Neuf, Quatre, Sept, Six, Trois, Un

UNE QUESTION À L'EMPEREUR

Page 220

L'Empereur en trouve deux : « douzième » et « douzaine ».

UN HOMME CONTENT DE LUI

Page 221

L'homme (Arsène Lupin, vous l'avez deviné) parle de son reflet, bien sûr !

SOUS LA DICTÉE

Page 222

Le nombre que doit trouver Leblanc est : 121.

Les premiers chiffres de chaque nombre sont 5, 4, 3 et 2.
Le premier chiffre sera donc 1.

Les deuxièmes et troisièmes chiffres sont : 03, 06, 10 et 15, soit :
1 + 2, 1 +2 + 3, 1 + 2 + 3 + 4, 1 + 2 + 3 + 4 + 5.

Donc, les deuxièmes et troisièmes chiffres sont : 1 + 2 + 3 + 4 + 5 + 6 = 21.

Et le nombre est 121.

DRÔLE DE CHUTE

Page 224

Voyant que le visage de Raoul était propre, Béchoux a cru qu'il en était de même pour lui. Raoul, en revanche, voyant le visage couvert de poussière de l'inspecteur, en a déduit que lui aussi s'était sali et est tout de suite allé se laver.

LE PETIT DÉJEUNER DE LUPIN

Page 225

— Un seul, car après, on n'est plus à jeun ! dit Lupin en riant de bon cœur devant l'inspecteur vexé, qui se mord les lèvres.

ÉCHAPPÉE BELLE

Page 227

Personne n'a dit que la scène se déroulait de nuit…
C'était un dimanche, à la sortie de l'église, en plein jour.

UNE QUESTION DE MAÎTRE QUIMBEL

Page 228

Rien de plus enfantin pour Arsène Lupin : A = 1, B = 9 et C = 8.

L'INSPECTEUR IMMOBILISÉ

Page 230

Lupin a tracé le cercle autour de la taille de l'inspecteur Gontrand, sur son costume.

LE CHIFFRE DU COFFRE

Page 231

En entourant les trois 3, un 1 – uniquement celui de gauche ou de droite – et en entourant les deux 1 restants pour créer le chiffre 11.

La somme de 3 + 3 + 3 + 1 + 11 est égale à 21.

LA CASSETTE D'ÉBÈNE

Page 233

Rudolf Kesselbach place les diamants dans la cassette. Puis il verrouille celle-ci avec l'un de ses cadenas et l'expédie à Marco. Celui-ci, à son tour, y fixe l'un de ses cadenas, puis réexpédie la cassette. Lorsque Kesselbach la reçoit, il en retire son propre cadenas, puis la renvoie à Marco, qui peut, à la réception de la cassette d'ébène, déverrouiller son propre cadenas et récupérer les diamants…

LES SUSPECTS DU VOL

Page 234

Puisqu'ils mentent tous, Mme de Réal n'est pas coupable, et Antoinette non plus. Le coupable du vol du diamant bleu est donc le consul Bleichen.

VICTOIRE AU PIANO

Page 236

Le message de Victoire était : « Si, l'ami Rémi mit là, la sole si facile à dorer » (Si, La, Mi, Ré, Mi, Mi, La, La, Sole, Si, Fa, Si, La, Do, Ré).

HUIT TRIANGLES D'OR

Page 238

Voici comment huit triangles à angles aigus peuvent être dessinés à l'intérieur du carré. Impossible de placer les triangles à l'intérieur des zones délimitées par les pointillés en demi-cercle, sinon ils seraient à angles obtus.

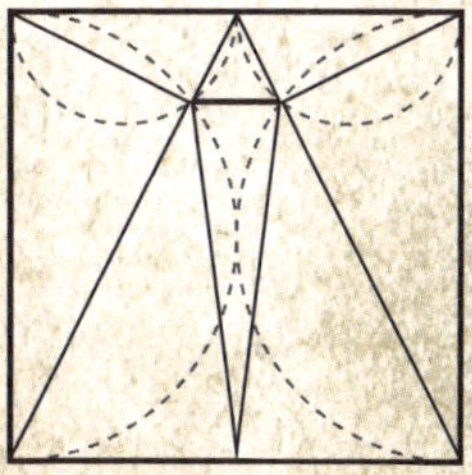

LES BOUCLES D'OREILLES DE LA PRINCESSE

Page 239

Trois.

Avec deux boucles, Lupin pourra avoir un saphir et un rubis.

Avec trois boucles, il aura toujours une paire assortie, puisqu'il aura retiré, soit trois pierres de la même couleur, soit une paire et une boucle dépareillée.

GORGERET À LA ROULETTE

Page 241

Gorgeret avait trois jetons.

En effet, le Grand Paul avait : (32 + 4)/4 = 9.

Thomas avait : (9 + 3)/3 = 4.

L'inspecteur Gorgeret avait donc : (4 + 2)/2 = 3.

LE SOURIRE DE LUPIN

Page 242

811 105 est le chiffre le plus élevé
que vous puissiez former.
Mais si vous avez trouvé 511 008,
vous n'étiez pas loin non plus.
Il vous suffisait de retourner celui-ci
pour trouver ensuite 811 105.

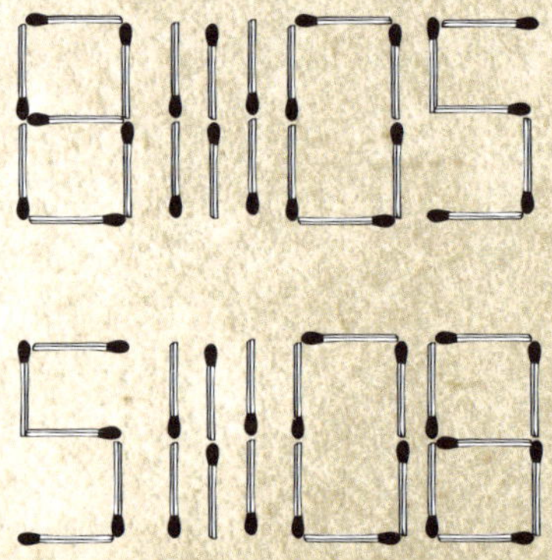

UNE AFFAIRE DE SOMMES

Page 243

En faisant passer le 9 sur la ligne supérieure, mais en le retournant pour le transformer en 6, puis en faisant passer le 5 sur la ligne inférieure, la somme de chacune des rangées, 18, est maintenant devenue identique.

FORT DE CAFÉ

Page 245

Lupin avait abondamment sucré son café avant de trouver la mouche tombée dedans.

Le second café étant tout aussi sucré, il a deviné que le maître d'hôtel s'était contenté de lui rapporter la même tasse.

UN CHOIX CRUCIAL

Page 246

Clarisse annonce :

— Je ne veux pas du caillou qui est dans la main gauche : montre à tout le monde qu'il est bien noir ! Le baron Godefroy d'Étigues ne peut pas avouer devant toute la famille qu'il a triché… Il est obligé de se résoudre à accepter le choix de sa fille !

L'ÉNIGME D'ISIDORE BEAUTRELET

Page 248

Chaque nombre représente la position d'une lettre dans l'alphabet.

La solution est alors : « Énigme ».

LA MAUVAISE HUMEUR DE VICTOR

Page 249

La lecture de l'entrefilet à propos d'Arsène Lupin a mis l'inspecteur de la brigade mondaine de fort mauvaise humeur et lui avait donné le hoquet.

IMPRENABLE

Page 250

De l'ombre du château !

UNE MORT SINGULIÈRE

Page 252

Il s'agit d'un cabriolet, décapotable.

UN ÉTRANGE VOYAGEUR

Page 253

L'homme était aveugle et se rendait à Paris pour se faire opérer. Avant d'entreprendre son voyage, il avait décidé de se tuer s'il ne recouvrait pas la vue. L'opération a réussi, il a donc repris le train en direction de Rouen. Mais lorsque le train s'engouffre dans un tunnel, il pense être brusquement redevenu aveugle, et se tire une balle dans la tête.

UNE VENTE À LA BOUGIE

Page 255

Aucune. En plus des trois éteintes par le courant d'air, toutes les autres bougies auront fondu.

UN JEU D'ENFANT

Page 256

Rien de plus simple... « Un seul mot » !

QUI EST LA FEMME DU PORTRAIT ?

Page 258

Le portrait représente la fille d'Élisabeth.
En effet, celle-ci a dit :
« La mère de cette femme est la fille de ma mère. »
La mère du sujet est donc soit une sœur de celle qui parle, soit elle-même. Elle nous a déjà dit qu'elle n'avait pas de sœur.
C'est donc elle la mère, et le portrait représente sa fille.

LE TRÉSOR DES ROIS DE FRANCE

Page 259

Non.

S'il fallait prendre la couronne, les première et troisième affirmations seraient vraies.
Or une seule affirmation est vraie.
Beautrelet ne doit donc pas prendre la couronne.

PIÈGE MORTEL

Page 261

Lupin dispose les trois premières allumettes comme indiqué.
Puis les trois suivantes par-dessus les premières.
Ainsi, n'importe laquelle des six touche les cinq autres
par un point quelconque...

LE JOURNAL DE MIDI

Page 262

Eh bien, c'est à votre choix ! Voici une illusion d'optique classique.
L'angle formé par les deux rectangles vous permet même de percevoir
les deux options.

UNE ÉVASION DE LA SANTÉ

Page 263

Lupin va continuer de creuser le tunnel,
et former avec la terre retirée un monticule de plus en plus élevé.
Lorsque celui-ci aura atteint la hauteur nécessaire,
il se glissera par la lucarne.

LE DON DU POÈTE

Page 264

Le septième ciel.

DRÔLE D'ÉQUATION

Page 266

En transformant d'un seul trait le signe « + » en « 4 », l'équation devient :

545 + 5 = 550

et elle devient juste.

LE BOUT DU TUNNEL

Page 267

À 15 km/h.

Car si Lupin court vers l'entrée du tunnel, il y parviendra en même temps que le train après avoir parcouru les 3/8e du tunnel. Si, en revanche, il court vers la sortie, il aura atteint les 3/8 + 3/8 = 3/4 du tunnel lorsque le train atteindra l'entrée.

Il lui restera 1/4 du tunnel à parcourir pour atteindre la sortie. Le train aura donc remonté la longueur totale du tunnel dans le temps que Lupin prendra pour parcourir le dernier quart. Il court par conséquent quatre fois moins vite que le train, qui roule à 60 km/h.

Lupin court donc à la vitesse de 15 km/h.

TROIS LETTRES

Page 269

Sur chacune des lettres est inscrit le mot « foi » :

– sur la première lettre : (le) foie ;

– sur la deuxième lettre : (la) foi ;

– sur la troisième lettre : (une) fois.

LA RÉCOMPENSE DE LUPIN

Page 270

Le sou qui se trouve sur la première case est équivalent à 2^0.

Sur la deuxième case, deux sous, soit 2^1, et ainsi de suite jusqu'à la 64e case, qui contient 2^{63} sous.
La somme exacte que devra donner l'Empereur est donc égale à $2^0 + 2^1 + 2^2 + \ldots 2^{63} = 2^{64} - 1$

$= 18\,446\,744\,073\,709\,551\,615$ sous...

— Eh ! La Majesté, je t'en ai bouché un coin, n'est-ce pas ? conclut Lupin.

LES FLÈCHES DU CADRAN SOLAIRE

Page 272

Les deux flèches font exactement la même longueur, même si les angles des empennages les font apparaître de longueurs inégales. Lupin va devoir trouver une autre solution pour dénicher le trésor…

TROP DE MAISONS POUR HERLOCK SHOLMÈS

Page 273

Vingt, puisqu'à l'aller et au retour, ce sont les mêmes maisons !

D'ILLUSTRES PROPRIÉTAIRES

Page 275

Néron !

LE CHOIX D'UNE MONTRE

Page 276

La montre qui ne marche pas, bien sûr !
Car celle qui perd une minute par jour donne l'heure exacte une fois tous les deux ans, alors que celle qui est arrêtée donne l'heure exacte deux fois par jour, à chaque fois que cette heure se présente.

ARSÈNE LUPIN PIRATE

Page 277

Le célèbre aventurier mourait d'envie d'un Pâques beau !

MYSTÉRIEUX MESSAGES

Page 278

— Bien sûr, j'ai deviné,
réplique Don Luis Perenna, alias Lupin.
Ce sont des palindromes,
elles se lisent dans les deux sens.

LES CARAFES DE LA CAVE À LIQUEUR

Page 280

Il suffit à Prasville de prendre la deuxième carafe
et de verser son contenu dans la cinquième,
puis de la remettre à sa place.

LA PÊCHE AU DIAMANT

Page 281

Il leur suffit de pencher le tonneau jusqu'à ce que le rhum effleure
le rebord. S'ils aperçoivent le fond du tonneau,
c'est qu'il est plus qu'à moitié vide. Si le rhum recouvre complètement
le fond, alors celui-ci est plus qu'à moitié plein.

L'EMPEREUR ET LE SEPT DE CŒUR

Page 283

Le roi de cœur est le seul roi
sans moustache du jeu de cartes
– en tout cas dans les jeux dits « anglais »,
essentiellement utilisés pour le poker.

QUI EST LE COUPABLE ?

Page 284

Après réflexion, le juge d'instruction répond : Félicien Charles, bien sûr ! En effet : chaque déclaration émanant d'une personne différente, l'innocent n'a pas pu faire ces trois déclarations, sinon il aurait contredit l'assertion I. En se fondant sur l'assertion II, l'innocent a fait une ou deux déclarations. Si l'innocent n'a fait qu'une des déclarations, alors seule celle-ci est vraie et les deux autres sont fausses, si on se fonde sur l'assertion III. Ce qui est impossible, car si l'une de ces deux déclarations est fausse, alors l'autre doit également être fausse. Donc, l'innocent a fait deux déclarations. De l'assertion I, les deux déclarations justes ont été faites par le seul homme auquel il n'est pas fait allusion dans ces deux déclarations :

– si les déclarations 2 et 3 sont vraies, elles ont été faites par Félicien Charles, qui est alors innocent. Mais la déclaration 1, fausse, l'identifie comme le complice, ce qui rend la situation impossible ;

– si les déclarations 1 et 3 sont vraies, elles ont été faites par Thomas Le Bouc, qui est alors innocent. Mais la déclaration 2, fausse, l'identifie comme le meurtrier, ce qui rend la situation impossible.

Ce sont donc les déclarations 1 et 2 qui sont vraies, et qui ont été faites par Jérôme Helmas. Celui-ci est donc innocent. Le fait que la déclaration 3 soit fausse est cohérent avec cette conclusion. Puisque Jérôme est innocent et que la déclaration 1 est vraie, Thomas Le Bouc est le complice. Le meurtrier est donc Félicien Charles. La déclaration 2, vraie, est cohérente avec cette conclusion.

LE SECRET DE L'ALCHIMISTE

Page 286

Eh bien, parce que le fameux liquide aurait dissous la fiole, dans ce cas !

UN MÊME TOTAL

Page 287

Lupin replie la feuille de papier de façon à dissimuler le nombre 300 et à former avec les deux autres lignes le nouveau nombre 707. Le nouveau total est identique au précédent.

318
~~707~~
215
1240

GANIMARD EN FILATURE

Page 289

L'inspecteur est chauve !

LA CHUTE DE LUPIN

Page 290

Arsène Lupin avait à peine gravi deux ou trois barreaux de l'échelle.

UNE VISITE À LA BANQUE

Page 291

Il lui reste trois sens : l'odorat, le toucher et le goût.
Le mutisme n'est pas l'application d'un sens.

LES PERLES DE LADY JERLAND

Page 292

Quatre colliers de 17 perles et sept colliers de 13 perles.

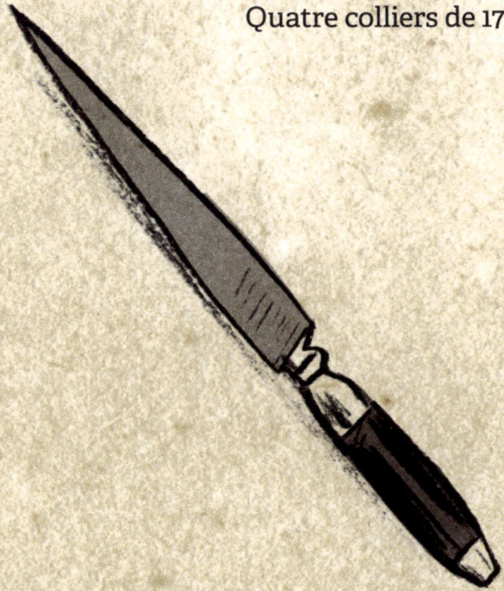

LA BICYCLETTE D'ISIDORE

Page 295

La bicyclette d'Isidore va reculer.
Mais, par rapport à la bicyclette, les pédales avancent.

UN LONG TRAJET

Page 296

Combien y a-t-il de minutes dans 1 h 20 ?

UN JET DE PASTILLE

Page 298

Arsène Lupin jette la pastille en l'air,
tout simplement !

LE DERNIER MESSAGE DE L'INSPECTEUR

Page 299

Le message à trouver était « enveloppe », une grande enveloppe jaune déposée sur le bureau du préfet de police.

LE FANTÔME DE LUPIN

Page 300

L'heure, pardi !

LE MESSAGE DANS LA BOUTEILLE

Page 302

L'inspecteur fait brûler le fil à l'aide d'une loupe à travers le verre de la bouteille... Puis Lupin déplie la feuille, sur laquelle est inscrite : « Marescal est une gourde. »

— Tiens, vieux, dit-il nonchalamment, fais encadrer ça et mets-le au pied de ton lit.

QUI A TIRÉ ?

Page 303

Le juge et le médecin présents sont des femmes, seul l'agent de police est un homme. Or, le mari de la victime est Raoul d'Andrésy. Lorsqu'elle a crié « Félicien », c'est donc à l'agent de police qu'elle s'adressait.

LA TERREUR DE SIMÉON

Page 304

11 + 1 + 1 + 1 = 14 !

Lupin a bien précisé « chiffres » et pas « nombres ».

LA VALEUR DES BOUCHONS

Page 305

Chaque bouchon vaut 5.

UN PROBLÈME DE COIFFEUR

Page 306

Il vaut mieux que Lupin se rende chez celui qui a les cheveux mal coupés : en effet, étant les deux seuls coiffeurs du quartier, chacun des deux doit avoir l'habitude de se faire couper les cheveux chez son confrère.

TROP HAUT

Page 307

Ils ont dégonflé les pneus du camion, suffisamment pour se dégager de la passerelle et continuer leur chemin jusqu'au garage, où le garagiste va leur regonfler les pneus…

Imprimé en mars 2021
sur les presses de Graficas Estella en Espagne
pour le compte des
Éditions Hachette Livre (Marabout)
58, rue Jean-Bleuzen, 92170 Vanves
Dépôt légal : mars 2021
ISBN : 978-2-501-16253-1
5676388